2025年*春 受験用 解答集

愛知県 名古屋高等学校

2019〜2013年度の**7**年分

本書は，実物をなるべくそのままに，プリント形式で年度ごとに収録しています。
問題用紙を教科別に分けて使うことができるので，本番さながらの演習ができます。

■ 収録内容

JN132108

・解答集（この冊子です）

　　書籍ＩＤ番号，この問題集の使い方，リアル過去問の活用，解答例と解説，
　　ご使用にあたってのお願い・ご注意，お問い合わせ

・2019（平成31）年度 〜 2013（平成25）年度　学力検査問題

・リスニング問題音声《オンラインで聴く》　詳しくは次のページをご覧ください。

○は収録あり　年度	'19	'18	'17	'16	'15	'14	'13
■ 問題（一般入試）	○	○	○	○	○	○	○
■ 解答用紙	○	○	○	○	○	○	○
■ 解答・解説	○	○	○	○	○	○	○
■ 英語リスニング音声・原稿	○	○	○	○	○	○	○
■ 配点							

もっと過去問！シリーズ

☆問題文等の非掲載はありません

Ｋ教英出版

■ 書籍ID番号

リスニング問題の音声は，教英出版ウェブサイトの「ご購入者様のページ」画面で，書籍ID番号を入力してご利用ください。

入試に役立つダウンロード付録や学校情報なども随時更新して掲載しています。

| 書籍ID番号 | 184021 | ▶ |

（有効期限：2025年9月30日まで）

【入試に役立つダウンロード付録】
「高校合格への道」

【リスニング問題音声】
オンラインで問題の音声を聴くことができます。
有効期限までは無料で何度でも聴くことができます。

■ この問題集の使い方

年度ごとにプリント形式で収録しています。針を外して教科ごとに分けて使用します。①片側，②中央のどちらかでとじてありますので，下図を参考に，問題用紙と解答用紙に分けて準備をしましょう（解答用紙がない場合もあります）。

針を外すときは，けがをしないように十分注意してください。また，針を外すと紛失しやすくなりますので気をつけましょう。

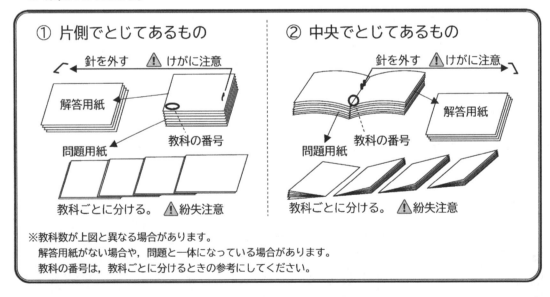

リアル過去問の活用

~リアル過去問なら入試本番で力を発揮することができる~

❀ 本番を体験しよう!

問題用紙の形式 (縦向き / 横向き), 問題の配置や余白など, 実物に近い紙面構成なので本番の臨場感が味わえます。まずはパラパラとめくって眺めてみてください。「これが志望校の入試問題なんだ!」と思えば入試に向けて気持ちが高まることでしょう。

❀ 入試を知ろう!

同じ教科の過去数年分の問題紙面を並べて, 見比べてみましょう。

① 問題の量

毎年同じ大問数か, 年によって違うのか, また全体の問題量はどのくらいか知っておきましょう。どのくらいのスピードで解けば時間内に終わるのか, 大問ひとつにかけられる時間を計算してみましょう。

② 出題分野

よく出題されている分野とそうでない分野を見つけましょう。同じような問題が過去にも出題されていることに気がつくはずです。

③ 出題順序

得意な分野が毎年同じ大問番号で出題されていると分かれば, 本番で取りこぼさないように先回りして解答することができるでしょう。

④ 解答方法

記述式か選択式か(マークシートか), 見ておきましょう。記述式なら, 単位まで書く必要があるかどうか, 文字数はどのくらいかなど, 細かいところまでチェックしておきましょう。計算過程を書く必要があるかどうかも重要です。

⑤ 問題の難易度

必ず正解したい基本問題, 条件や指示の読み間違いといったケアレスミスに気をつけたい問題, 後回しにしたほうがいい問題などをチェックしておきましょう。

❀ 問題を解こう!

志望校の入試傾向をつかんだら, 問題を何度も解いていきましょう。ほかにも問題文の独特な言いまわしや, その学校独自の答え方を発見できることもあるでしょう。オリンピックや環境問題など, 話題になった出来事を毎年出題する学校だと分かれば, 日頃のニュースの見かたも変わってきます。

こうして志望校の入試傾向を知り対策を立てることこそが, 過去問を解く最大の理由なのです。

❀ 実力を知ろう!

過去問を解くにあたって, 得点はそれほど重要ではありません。大切なのは, 志望校の過去問演習を通して, 苦手な教科, 苦手な分野を知ることです。苦手な教科, 分野が分かったら, 教科書や参考書に戻って重点的に学習する時間をつくりましょう。今の自分の実力を知れば, 入試本番までの勉強の道すじが見えてきます。

❀ 試験に慣れよう!

入試では時間配分も重要です。本番で時間が足りなくなってあわてないように, リアル過去問で実戦演習をして, 時間配分や出題パターンに慣れておきましょう。教科ごとに気持ちを切り替える練習もしておきましょう。

❀ 心を整えよう!

入試は誰でも緊張するものです。入試前日になったら, 演習をやり尽くしたリアル過去問の表紙を眺めてみましょう。問題の内容を見る必要はもうありません。どんな形式だったかな?受験番号や氏名はどこに書くのかな?…ほんの少し見ておくだけでも, 志望校の入試に向けて心の準備が整うことでしょう。

そして入試本番では, 見慣れた問題紙面が緊張した心を落ち着かせてくれるはずです。

※まれに入試形式を変更する学校もありますが, 条件はほかの受験生も同じです。心を整えてあせらずに問題に取りかかりましょう。

数　学

平成 **31** 年度 **解答例・解説**

═══════════ 《解答例》 ═══════════

I (1)$-24x$　　(2)$(x-2)(y-2)$　　(3)9　　(4)$y=-3x+4$　　(5)$x=\dfrac{5}{2}$　$y=-1$　　(6)28　　(7)135

　　(8)15　　(9)$\dfrac{15}{16}$

II (1)2，12　　(2)14，35

III (1)12π　　(2)$6\sqrt{3}$　　(3)$\dfrac{2}{3}\sqrt{2}\,\pi$

IV (1)$20-2t$　　(2)$1-\sqrt{21-2t}$　　(3)6

V (1)ア．90　イ．90　ウ．⑤　エ．②　※ウとエは順不同　　(2)（ⅰ）101　（ⅱ）$\sqrt{5}$

═══════════ 《解　説》 ═══════════

I (1)　与式$=36x^2\times\left(-\dfrac{2}{3x}\right)=-24x$

(2)　$x-2=$Ａとおくと，与式$=$Ａ$y-2$Ａ$=$Ａ$(y-2)$　　Ａをもとに戻して，$(x-2)(y-2)$

(3)　資料の最大値は$133\,\mathrm{km/h}$，最小値は$124\mathrm{km/h}$だから，分布の範囲は，$133-124=9\,(\mathrm{km/h})$

(4)　変化の割合は1次関数の傾きに等しいから，求める1次関数の式は$y=-3x+b$とおくことができる。これ
にx$=2$，$y=-2$を代入すると，$-2=-3\times2+b$より，$b=4$になるから，求める式は，$y=-3x+4$

(5)　与式より，$\dfrac{x}{5}-\dfrac{y}{2}=1$の両辺を10倍して，$2x-5y=10\cdots$①，$0.1x-0.75y=1$の両辺を20倍して，
$2x-15y=20\cdots$②とする。①－②でxを消去すると，$-5y+15y=10-20$　　$10y=-10$　　$y=-1$
①に$y=-1$を代入すると，$2x-5\times(-1)=10$　　$2x=5$　　$x=\dfrac{5}{2}$

(6)　$\overset{\frown}{\mathrm{BD}}$に対する円周角より，$\angle\mathrm{BAD}=\angle\mathrm{BED}=28°$，$\mathrm{AB}/\!/\mathrm{CD}$より，平行線の錯角は等しいから，
$\angle\mathrm{ADC}=\angle\mathrm{BAD}=28°$

(7)　$a^2-b^2=(a+b)(a-b)$を利用すると，
与式$=(25+24)(25-24)+(23+22)(23-22)+(21+20)(21-20)=49+45+41=135$

(8)　540を素因数分解すると$2^2\times3^3\times5$となるから，$\sqrt{540a}=6\sqrt{15a}$になる。これが自然数となるには，
bを自然数として，$a=15b^2$と表せればよい。よって，最も小さいものはb$=1$のときの，$a=15\times1^2=15$

(9)　1枚の硬貨の裏と表の出方は2通りあるから，4枚の硬貨を同時に投げたときの裏と表の出方は$2^4=16$(通
り)ある。少なくとも1枚は表となる確率は，$1-$(1枚も表が出ない確率)から求める。1枚も表が出ない場合は，
4枚の硬貨すべてが裏の場合の1通りだけだから，求める確率は，$1-\dfrac{1}{16}=\dfrac{15}{16}$

II (1)　時速$15\,\mathrm{km}=$分速$(15\times1000\times\dfrac{1}{60})\,\mathrm{m}=$分速$250\mathrm{m}$だから，$550\div250=2.2$(分)，$0.2$分$=(60\times0.2)$秒$=12$秒
よって，求める時間は，2分12秒

(2)　B君の速さは，分速$(10\times1000\div35)\,\mathrm{m}=$分速$\dfrac{2000}{7}\mathrm{m}$だから，9分間で$\dfrac{2000}{7}\times9=\dfrac{18000}{7}(\mathrm{m})$走る。
A君は10分間で$250\times10=2500(\mathrm{m})$走るから，A君が走り始めてからの10分間で2人が走った道のりの差は，
$\dfrac{18000}{7}-2500=\dfrac{500}{7}(\mathrm{m})$となり，B君はまだA君を2回追い越していないことがわかる。A君が走り始めてから10

分以降のＡ君の速さは，分速$(12×1000÷60)$m＝分速200mである。そこで，$9<x$として，Ｂ君が走り始めてか

らx分後にＢ君がＡ君を２回目に追い越すとして式を立てると，$\dfrac{2000}{7}x-\{250×10+200(x-9)\}=550$

これを解くと，$x=\dfrac{175}{12}$となる。$\dfrac{175}{12}$分$=14\dfrac{7}{12}$分，$\dfrac{7}{12}$分$=(60×\dfrac{7}{12})$秒$=35$秒より，求める時間は，14分35秒

Ⅲ (1) 半径が6㎝，中心角が120°のおうぎ形になるから，面積は，$6^2π×\dfrac{120}{360}=12π$（㎠）

(2) 最短経路は右図の線分ＡＢの長さになる。

△ＯＡＢはＯＡ＝ＯＢ，∠ＡＯＢ＝120°の二等辺三角形だから，∠ＡＯＢの二等

分線ＯＨを引くと，ＯＨ⊥ＡＢ，ＡＨ＝ＢＨ，∠ＡＯＨ＝$\dfrac{1}{2}$∠ＡＯＢ＝60°になる。

△ＯＡＨは，ＯＨ：ＯＡ：ＡＨ＝$1：2：\sqrt{3}$の直角三角形になるから，ＯＨ＝$\dfrac{1}{2}$ＯＡ＝3（㎝），

ＡＨ＝$\sqrt{3}$ＯＨ＝$3\sqrt{3}$（㎝）である。よって，ＡＢ＝2ＡＨ＝$6\sqrt{3}$（㎝）

(3) 円錐Ｆの体積を求めてから，相似比を利用して円錐Ｇの体積を求める。

まず，円錐Ｆの底面の半径を r ㎝とすると，側面のおうぎ形の弧の長さと底面の円周について，

$2πr=2π×6×\dfrac{120}{360}$が成り立つから，これを解いて，r＝2（㎝）

三平方の定理を利用して，円錐Ｆの高さhを求めると，h＝$\sqrt{6^2-2^2}=4\sqrt{2}$（㎝）

よって，円錐Ｆの体積は，$\dfrac{1}{3}×2^2π×4\sqrt{2}=\dfrac{16}{3}\sqrt{2}π$（㎤）

相似な図形の体積比は，相似比の３乗に等しいから，円錐Ｆと円錐Ｇの体積比は，$2^3：1^3=8：1$になるので，

円錐Ｇの体積は，$\dfrac{16}{3}\sqrt{2}π×\dfrac{1}{8}=\dfrac{2}{3}\sqrt{2}π$（㎤）

Ⅳ (1) 点Ｐのx座標は$-10+t$と表せるから，Ｐ$(t-10, 0)$である。

点Ｒのy座標を r とすると，直線ℓは$y=2x+r$と表せる。直線ℓは点Ｐを通ることから，$x=t-10$，$y=0$を代

入すると，$0=2(t-10)+r$　$r=20-2t$となるから，点Ｒのy座標は，$20-2t$

(2) 点Ｑは直線ℓと放物線の交点だから，$y=x^2$と$y=2x+20-2t$を連立させると，$x^2=2x+20-2t$より，

$x^2-2x+2t-20=0$　解の公式を利用すると，$x=1±\sqrt{21-2t}$より，$x<0$だから，$x=1-\sqrt{21-2t}$

(3) △ＯＰＱ＝△ＯＲＱならば，ＰＱ＝ＱＲ，つまり，点Ｑは２点Ｐ，Ｒの中点になる。

よって，点Ｑのx座標は$\dfrac{t-10}{2}$，y座標は$\dfrac{20-2t}{2}=10-t$より，Ｑ$(\dfrac{t-10}{2}, 10-t)$となる。Ｑは関数$y=x^2$

のグラフ上の点だから，$10-t=(\dfrac{t-10}{2})^2$が成り立つ。これを解くと，$10-t=\dfrac{t^2-20t+100}{4}$

$40-4t=t^2-20t+100$　　$t^2-16t+60=0$　　$(t-6)(t-10)=0$　　$t=10, 6$

$0<t<10$より，$t=6$

Ⅴ (1) 接弦定理を証明したものである。

(2)(ⅰ) (1)の接弦定理を利用する。∠ＡＢＣ＝a，∠ＡＢＤ＝bとおくと，∠ＣＢＤ＝a＋bである。

接弦定理により，∠ＡＤＢ＝∠ＡＢＣ＝a，∠ＡＣＢ＝∠ＡＢＤ＝bだから，四角形ＡＣＢＤの内角の和につい

て，$(a+b)+a+158+b=360$が成り立つ。$2a+2b=202$より，$a+b=202÷2=101$（°）

(ⅱ) △ＡＢＣ∽△ＡＤＢだから，ＡＢ：ＡＤ＝ＡＣ：ＡＢより，ＡＢ：$\dfrac{5}{2}$＝2：ＡＢ　　ＡＢ$^2=5$

ＡＢ＝$±\sqrt{5}$　　ＡＢ＞0より，ＡＢ＝$\sqrt{5}$

═══════════ 《解答例》 ═══════════

Ⅰ (1)$-\dfrac{8}{9}x^2y^2$　(2)$x=\dfrac{3\sqrt{6}}{8}$　$y=\dfrac{\sqrt{2}}{8}$　(3)$(5a+b)(a+3b)$　(4)$a=8$　$b=\dfrac{3}{4}$　$c=12$

　(5)67.5　(6)① 6：7　② 9：7　(7)35

Ⅱ (1)180　(2)48

Ⅲ (1)-4, 1　(2)$\dfrac{5}{72}$　(3)$\dfrac{1}{6}$

Ⅳ (1)$\dfrac{1}{2}$　(2)$y=\dfrac{5}{2}x-3$　(3)$\left(\dfrac{7}{5},\ \dfrac{1}{2}\right)$

Ⅴ (1)$4\sqrt{3}$　(2)$\dfrac{16\sqrt{2}}{3}$　(3)$8\sqrt{3}+4$

═══════════ 《解 説》 ═══════════

Ⅰ (1)　与式$=-\dfrac{1}{27}x^6y^3\times\dfrac{3}{2x^2y^3}\times\dfrac{16y^2}{x^2}=-\dfrac{x^6y^3\times3\times16y^2}{27\times2x^2y^3\times x^2}=-\dfrac{8}{9}x^2y^2$

(2)　$\sqrt{2}x+\sqrt{6}y=\sqrt{3}\cdots$①, $\sqrt{6}x-\sqrt{2}y=2\cdots$②とする。①×$\sqrt{3}$－②で$x$を消去すると,

$\sqrt{18}y+\sqrt{2}y=3-2$　　$3\sqrt{2}y+\sqrt{2}y=1$　　$4\sqrt{2}y=1$　　$y=\dfrac{1}{4\sqrt{2}}$　　$y=\dfrac{\sqrt{2}}{8}$

①に$y=\dfrac{\sqrt{2}}{8}$を代入すると, $\sqrt{2}x+\sqrt{6}\times\dfrac{\sqrt{2}}{8}=\sqrt{3}$　　$\sqrt{2}x+\dfrac{\sqrt{3}}{4}=\sqrt{3}$　　$\sqrt{2}x=\dfrac{3\sqrt{3}}{4}$

$x=\dfrac{3\sqrt{3}}{4\sqrt{2}}$　　$x=\dfrac{3\sqrt{6}}{8}$

(3)　与式$=(3a+2b+2a-b)\{3a+2b-(2a-b)\}=(5a+b)(a+3b)$

(4)　$y=2x+a$のグラフは右上がりの直線だから, xの値が大きくなるほどyの値は大きくなる。したがって,

$x=-4$のとき$y=0$となるから, $y=2x+a$に$x=-4$, $y=0$を代入すると, $0=2\times(-4)+a$より, $a=8$

$y=2x+8$で, $x=2$のときyは最大値のcをとるから, $y=2x+8$に$x=2$, $y=c$を代入すると,

$c=2\times2+8$より, $c=12$　　　yの変域が$0\leqq y\leqq12$であり, 正の値を含むから, $y=bx^2$のグラフは上に開いた

放物線である。このため, $y=bx^2$ではxの絶対値が大きいほどyの値は大きくなるから, $x=-4$のとき$y=12$と

なるので, $x=-4$, $y=12$を代入すると, $12=b\times(-4)^2$　　$b=\dfrac{3}{4}$

(5)　n角形の内角の和は$180(n-2)$で求められるから, 正八角形の1つの内角の

大きさは, $180(8-2)\div8=135(°)$である。$AB=AH$より, △ABHは二等辺

三角形だから, ∠ABH$=(180-135)\div2=22.5(°)$

正八角形はDHを直径とする円に内接するので, ∠DAH$=90°$より,

∠BAI$=$∠BAH$-$∠DAH$=135-90=45(°)$

三角形の1つの外角は, これととなりあわない2つの内角の和に等しく, ∠AIH は

△ABIの外角だから, ∠AIH$=$∠ABH$+$∠BAI$=22.5+45=67.5(°)$

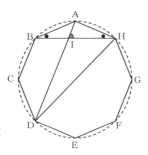

(6)①　AP, DCを延長し, 右図のように記号をおく。△ABR∽△SQRの相

似比がわかればBR：RQを求められる。$AB=DC$で, DC：QC$=$

$(2+1)：2=3：2$だから, AB：QC$=3：2$より, QC$=\dfrac{2}{3}$ABである。

△ABP∽△SCPで, 相似比はBP：CP$=2：1$だから, AB：SC$=$

$2：1$より, SC$=\dfrac{1}{2}$ABである。したがって, △ABRと△SQRの相似比は,

AB：SQ$=$AB：$\left(\dfrac{2}{3}$AB$+\dfrac{1}{2}$AB$\right)=1：\dfrac{7}{6}=6：7$だから, BR：RQ$=6：7$

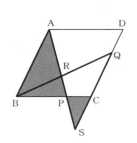

② ①をふまえる。相似比の2乗は面積比に等しいから、△ABRと△SQRの相似比6:7より、△ABRと△SQRの面積比は、$6^2:7^2=36:49$である。これより、△SQR$=\frac{49}{36}$△ABRである。

右図のように作図する。△SCRと△CQRは、底辺をそれぞれSC、QCとしたときの高さが等しいから、面積の比は底辺の長さの比に等しい。SC:QC$=\frac{1}{2}$AB:$\frac{2}{3}$AB$=3:4$だから、△SCRと△CQRの面積の比は3:4である。

したがって、△SQR:△CQR$=(3+4):4=7:4$だから、

△ABR:△CQR=△ABR:$\frac{4}{7}$△SQR=△ABR:$(\frac{4}{7}\times\frac{49}{36}$△ABR$)=1:\frac{7}{9}=9:7$

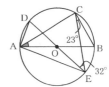

(7) 右図のように補助線をひく。

円周角の定理より、$\angle BAE=\angle BCE=23°$、$\angle CAD=\angle CED=32°$

DEが円の直径だから、$\angle DAE=90°$

よって、$\angle CAB=90-23-32=35(°)$

Ⅱ (1) 問題文中に容積や体積を表す数がないので、A管、B管、C管それぞれから出る水の量は比でしか求められないから、C管から毎分1Lの水が出ると考えても答えを求められる。1時間$=60$分より、C管は1時間30分$=(60+30)$分$=90$分で水槽を満水にするから、水槽の容積を90Lとして考える。

Aから毎分aL、Bから毎分bLの水が出るとする。A管を30分、B管を20分使って水槽の$\frac{1}{3}$まで水を入れたので、$30a+20b=90\times\frac{1}{3}$　これを整理すると、$3a+2b=3\cdots$①

A管、B管の2本を使って48分間で水槽の残りの$1-\frac{1}{3}=\frac{2}{3}$に水を入れたので、$48(a+b)=90\times\frac{2}{3}$

これを整理すると、$4a+4b=5\cdots$②　①×2－②でbを消去すると、$6a-4a=6-5$　$2a=1$

$a=\frac{1}{2}$　②に$a=\frac{1}{2}$を代入すると、$4\times\frac{1}{2}+4b=5$　$4b=5-2$　$b=\frac{3}{4}$

よって、A管からは毎分$\frac{1}{2}$Lの水が出るので、A管のみを使うと満水にするまでに$90\div\frac{1}{2}=180$(分)かかる。

(2) (1)をふまえる。B管からは毎分$\frac{3}{4}$Lの水が出る。A管、B管、C管を同時に30分使うと$(\frac{1}{2}+\frac{3}{4}+1)\times30=\frac{135}{2}$(L)の水が入るので、はじめにA管とB管を使って入れた水は$90-\frac{135}{2}=\frac{45}{2}$(L)である。したがって、はじめにA管とB管を使った時間は、$\frac{45}{2}\div(\frac{1}{2}+\frac{3}{4})=18$(分)だから、水を入れ始めてから満水になるまでにかかった時間は、$18+30=48$(分)

Ⅲ (1) 2次方程式$x^2+3x-4=0$を解けばよい。$(x+4)(x-1)=0$　$x=-4$、1

(2) $ax^2+bx-c=0$に$x=1$を代入すると$a+b-c=0$となるから、$a+b=c$という関係が成立するさいころの目の組み合わせを考えればよい。$a+b$が1～6のいずれかの値になればcの出方は1通りに決まるので、$a+b$が1～6になる出方を調べると、右表の○印の15通りあるとわかる。したがって、$a+b=c$が成り立つa、b、cの出方は15通りあり、a、b、cの出方は全部で$6\times6\times6=216$(通り)あるので、求める確率は、$\frac{15}{216}=\frac{5}{72}$

		b					
		1	2	3	4	5	6
a	1	○	○	○	○	○	
	2	○	○	○	○		
	3	○	○	○			
	4	○	○				
	5	○					
	6						

(3) $a=1$を解の公式にあてはめると、$x=\frac{-b\pm\sqrt{b^2-4\times1\times(-c)}}{2\times1}=\frac{-b\pm\sqrt{b^2+4c}}{2}$となる。$b^2+4c$は整数になるから、解が有理数となるためには、$b^2+4c$が平方数(ある整数を2乗してできる数)になればよい。bの値で場合分けをして考えるが、cには1～6のいずれかの数が入るので、4cの値は、最小で$4\times1=4$、最大で$4\times6=24$になることに注意する。

$b=1$のとき、$b^2+4c=1+4c$は最小で$1+4=5$、最大で$1+24=25$となるから、$1+4c$が5～25の範囲内にある平方数の9、16、25になれば方程式の解は有理数となる。$1+4c=9$となるのは$c=2$のときであり、

$1+4c=16$ となることはなく，$1+4c=25$ となるのは $c=6$ のときである。したがって，$b=1$ のとき，解が有理数となる c の値は 2 通りあるとわかる。

$b=2$ から $b=6$ についても同様に条件に合う c の値を探すと，右表のようになる。

よって，条件に合う b，c の出方は，

bの値	①　b^2+4c の範囲	①内の平方数	c の値
2	$2^2+4=8$ 以上，　$2^2+24=28$ 以下	9，16，25	3
3	$3^2+4=13$ 以上，　$3^2+24=33$ 以下	16，25	4
4	$4^2+4=20$ 以上，　$4^2+24=40$ 以下	25，36	5
5	$5^2+4=29$ 以上，　$5^2+24=49$ 以下	36，49	6
6	$6^2+4=40$ 以上，　$6^2+24=60$ 以下	49	なし

$2+1+1+1+1=6$（通り）あり，b と c の出方は全部で $6×6=36$（通り）あるから，求める確率は，$\dfrac{6}{36}=\dfrac{1}{6}$

Ⅳ (1) $y=ax^2$ のグラフはAを通るから，$y=ax^2$ に $x=-2$，$y=2$ を代入すると，$2=a×(-2)^2$ より，$a=\dfrac{1}{2}$

(2) Dの座標がわかれば直線 ℓ の式を求められる。Dは $y=\dfrac{1}{2}x^2$ と直線CDの交点なので，直線CDの式を求めればよい。2点A，Bの座標から，直線ABの傾きは $\left(\dfrac{9}{2}-2\right)÷\{3-(-2)\}=\dfrac{1}{2}$ とわかり，平行な直線は傾きが等しいので，直線CDの傾きも $\dfrac{1}{2}$ である。$y=\dfrac{1}{2}x^2$ の式とCの x 座標から，$C\left(-1，\dfrac{1}{2}\right)$ とわかる。直線CDの式を $y=\dfrac{1}{2}x+b$ とし，$C\left(-1，\dfrac{1}{2}\right)$ を代入すると，$\dfrac{1}{2}=-\dfrac{1}{2}+b$ より，$b=1$ となる。したがって，直線CDの式は，$y=\dfrac{1}{2}x+1$

$y=\dfrac{1}{2}x^2$ と $y=\dfrac{1}{2}x+1$ を連立方程式として解くと，$\dfrac{1}{2}x^2=\dfrac{1}{2}x+1$ より，$x=2$，-1 となる。$x=-1$ はCの x 座標を表すので，Dの x 座標は2である。$y=\dfrac{1}{2}x^2$ に $x=2$ を代入すると，$y=\dfrac{1}{2}×2^2=2$ となるから，$D(2，2)$

直線 ℓ の式を $y=cx+d$ とする。$B\left(3，\dfrac{9}{2}\right)$ から $\dfrac{9}{2}=3c+d$，$D(2，2)$ から $2=2c+d$ が成り立つ。これらを連立方程式として解くと，$c=\dfrac{5}{2}$，$d=-3$ となるから，直線 ℓ の式は，$y=\dfrac{5}{2}x-3$

(3) 右図のようにAとDを結ぶと，台形ACDBと△ABPの面積が等しくなるとき，それぞれから△ADBを除いてできる，△ACDと△APDも面積が等しくなるとわかる。したがって，AD∥CPとなればよい。AとDの y 座標が等しいからADと x 軸は平行なので，CPも x 軸と平行である。よって，Pの y 座標はCの y 座標と等しく $\dfrac{1}{2}$ である。Pは直線 ℓ 上の点だから，$y=\dfrac{5}{2}x-3$ に $y=\dfrac{1}{2}$ を代入すると，$x=\dfrac{7}{5}$ となるため，$P\left(\dfrac{7}{5}，\dfrac{1}{2}\right)$

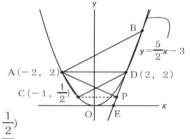

Ⅴ (1) 右図Ⅰより，△DBMの3辺の比は $1:2:\sqrt{3}$ になるから，$DM=\dfrac{\sqrt{3}}{2}BD=\dfrac{\sqrt{3}}{2}×4=2\sqrt{3}$（cm）である。よって，△BCDの面積は，$\dfrac{1}{2}×4×2\sqrt{3}=4\sqrt{3}$（cm²）

(2) (1)をふまえる。正四面体ABCDは面AMDについて対称なので，正四面体の体積は右図Ⅱの太線の三角すいの体積の2倍である。BC⊥AM，BC⊥DMより，BCと△AMDは垂直だから，太線の三角すいの底面を△AMDとしたときの高さはMC＝2cmである。△AMDは右図Ⅲの二等辺三角形である。△AMLにおいて，三平方の定理より，$ML=\sqrt{AM^2-AL^2}=\sqrt{(2\sqrt{3})^2-2^2}=\sqrt{8}=2\sqrt{2}$（cm）

$△AMD=\dfrac{1}{2}×AD×ML=\dfrac{1}{2}×4×2\sqrt{2}=4\sqrt{2}$（cm²）

よって，太線の三角すいの体積は，$\dfrac{1}{3}×4\sqrt{2}×2=\dfrac{8\sqrt{2}}{3}$（cm³）だから，正四面体ABCDの体積は，

$\dfrac{8\sqrt{2}}{3}×2=\dfrac{16\sqrt{2}}{3}$（cm³）

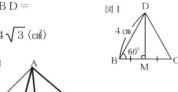

(3) L，M，Nを通る面で切断したときの辺ＡＣを含む立体は右図Ⅳの太線部分になり，図Ⅳのように記号をおく。Ｌ，Ｍ，Ｎ，Ｐはすべての辺の中点だから，太線部分の立体の表面は，斜線部分の三角形と合同な三角形２つと，色付きの四角形と合同な四角形２つ，四角形ＰＭＮＬの５つの面でできているから，これらの面の和を求めればよい。

斜線部分の三角形と色付きの四角形を合わせると，右図Ⅴのように正三角形ＢＣＤと合同な正三角形ができ，⑴より，その面積は$4\sqrt{3}$ ㎠である。

また，△ＡＢＣにおいて中点連結定理より，ＰＭ$=\dfrac{1}{2}$ＡＣ$=\dfrac{1}{2}\times 4=2$（cm）であり，同様に，ＭＮ＝ＬＮ＝ＰＬ＝２㎝である。図形の対称性から四角形ＰＭＮＬは正方形だから，四角形ＰＭＮＬの面積は，$2\times 2=4$（㎠）

よって，太線部分の立体の表面積は，$4\sqrt{3}\times 2+4=8\sqrt{3}+4$（㎠）

図Ⅳ

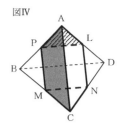

図Ⅴ

═══════════════════ 《解答例》 ═══════════════════

Ⅰ (1)$-a^4bc^4$　　(2)$\dfrac{-x+3y}{2}$　　(3)$(a+4b)(3a-2b)$　　(4)$\dfrac{17\sqrt{5}}{5}$　　(5)$a=\dfrac{5}{3}$　$b=-2$

　 (6)$-6 \leqq y \leqq -3$　　(7)20　　(8)4：3　　(9)$\dfrac{1}{3}$

Ⅱ (1)60　　(2)$\dfrac{100}{3}$，60

Ⅲ (1)$\dfrac{1}{2}$　　(2)$(m,\ \dfrac{1}{2}m^2+m-15)$　　(3)$\dfrac{-4+2\sqrt{94}}{3}$

Ⅳ ①108　　②36　　③平行四辺形〔別解〕ひし形　　④△DFE　　⑤$x^2+6x-36=0$　　⑥$-3+3\sqrt{5}$

Ⅴ (1)$\dfrac{\sqrt{3}}{2}$　　(2)$3\sqrt{2}$　　(3)$\sqrt{6}$

═══════════════════ 《解　説》 ═══════════════════

Ⅰ (1)　与式$=\dfrac{a^2c}{2}\times\left(-\dfrac{1}{2bc}\right)\times 4a^2b^2c^4=-\dfrac{a^2c\times 4a^2b^2c^4}{2\times 2bc}=-a^4bc^4$

　 (2)　与式$=\dfrac{(x+11y)-2(5x-2y)+6x-6y}{6}=\dfrac{x+11y-10x+4y+6x-6y}{6}=\dfrac{-3x+9y}{6}=\dfrac{-x+3y}{2}$

　 (3)　$2a+b=X$，$a-3b=Y$とすると，与式$=X^2-Y^2=(X-Y)(X+Y)$となる。XとYを元に戻すと，

　　　$\{(2a+b)-(a-3b)\}\{(2a+b)+(a-3b)\}=(a+4b)(3a-2b)$

　 (4)　与式$=\sqrt{\{(-2)^2\}^2\times 5}-\dfrac{\sqrt{3}\sqrt{3}}{\sqrt{5}}=\sqrt{4^2\times 5}-\dfrac{3\times\sqrt{5}}{\sqrt{5}\times\sqrt{5}}=4\sqrt{5}-\dfrac{3\sqrt{5}}{5}=\dfrac{17\sqrt{5}}{5}$

　 (5)　$y=ax+b$において，$x=3$のとき$y=3$であることから$3=3a+b$…⑦が成り立ち，$x=-9$のとき

　　　$y=-17$であることから$-17=-9a+b$…⑦が成り立つ。⑦と⑦を連立させて解くと，$a=\dfrac{5}{3}$，$b=-2$

　 (6)　$y=\dfrac{6}{x}$のグラフは，右のような右下がりの双曲線になるから，xの値が大きいほど

　　　yの値は小さくなる。したがって，yは，$x=-2$のときに最大値の$\dfrac{6}{-2}=-3$となり，

　　　$x=-1$のときに最小値の$\dfrac{6}{-1}=-6$となる。よって，求める変域は，$-6 \leqq y \leqq -3$

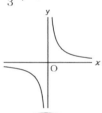

　 (7)　右の図のように記号をおく。

　　　中心角は同じ弧に対する円周角の2倍の大きさだから，$\overgroup{AB}$について，

　　　$\angle AOB=2\angle ACB=80(°)$

　　　△OABはOA＝OBの二等辺三角形だから，$\angle OBA=(180-80)\div 2=50(°)$

　　　△ABDの内角の和から，$\angle DAB=180-110-50=20(°)$となるので，求める角度は，

　　　$\angle CAB=\angle DAB=20°$

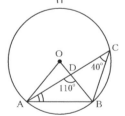

　 (8)　半径の異なる2つの円は相似なので，大きい円と小さい円の半径の比がわかれば面積

　　　比が求められる。正六角形は6個の合同な正三角形に分けることができるので，正六角形

　　　ABCDEFを6個の合同な正三角形に分けると右のように作図でき，Oは大きい円と小

　　　さい円の両方の中心となる。接点を通る半径は接線と垂直に交わるので，右の図のOHが

　　　小さい円の半径にあたる。したがって，OA：OHがわかればよい。

　　　OHは正三角形OABの底辺をABとしたときの高さにあたり，正三角形の1辺の長さと

　　　高さの比は$2：\sqrt{3}$だから，OA：OH$=2：\sqrt{3}$である。よって，求める面積比は，$2^2：(\sqrt{3})^2=4：3$

　 (9)　1から30までの整数のうち，素数は，2，3，5，7，11，13，17，19，23，29の10個である（1が素数で

　　　はないことに注意する）。よって，求める確率は，$\dfrac{10}{30}=\dfrac{1}{3}$

Ⅱ (1) 求めるろうかの長さをxmとすると，加藤くんは行きと帰りの両方に$\frac{x}{100}$分かかるから，往復にかかった時間は $\frac{x}{100} \times 2 = \frac{x}{50}$（分）である。また，伊藤くんは行きに$\frac{x}{120}$分，帰りに$\frac{x}{80}$分かかるから，往復にかかった時間は $\frac{x}{120} + \frac{x}{80} = \frac{x}{48}$（分）である。伊藤くんの往復にかかった時間は加藤くんより3秒（$\frac{3}{60}$分）長いから，伊藤くんが往復にかかった時間について，$\frac{x}{48} = \frac{x}{50} + \frac{3}{60}$が成り立つ。これを解くと$x = 60$となるから，ろうかの長さは60mである。

(2) 行きの速さは伊藤くんの方が速いので，伊藤くんが先に西端で折り返す。したがって，求める時間の1つ目は，西端で折り返した伊藤くんと加藤くんがすれ違うときである。また，求める時間の2つ目は，西端で折り返した加藤くんが伊藤くんに追いついたときである。

・求める1つ目の時間をa秒後（$\frac{a}{60}$分後）とする。伊藤くんは行きに$\frac{60}{120} = \frac{1}{2}$（分）かかるから，$a$秒後までのうち西端で折り返してから歩いた時間は，$(\frac{a}{60} - \frac{1}{2})$分である。$a$秒で2人が歩いた距離の合計はろうか1往復分の $60 \times 2 = 120$（m）になるから，a秒で2人が歩いた距離の合計について，$60 + 80 \times (\frac{a}{60} - \frac{1}{2}) + 100 \times \frac{a}{60} = 120$ が成り立つ。これを解くと$a = \frac{100}{3}$となるから，求める1つ目の時間は$\frac{100}{3}$秒後である。

・求める2つ目の時間をb秒後（$\frac{b}{60}$分後）とする。加藤くんは行きに$\frac{60}{100} = \frac{3}{5}$（分）かかるから，それぞれが西端で折り返してから歩いた距離について，$80 \times (\frac{b}{60} - \frac{1}{2}) = 100 \times (\frac{b}{60} - \frac{3}{5})$が成り立つ。これを解くと$b = 60$となるから，求める2つ目の時間は60秒後である。

Ⅲ (1) 放物線$y = ax^2$はX$(14, 98)$を通るから，$98 = a \times 14^2$が成り立つ。これを解くと，$a = \frac{1}{2}$

(2) B のx座標はH のx座標と同じmであり，y座標はBH の長さに等しいから，BH の長さをmの式で表す。A のx座標もH のx座標と同じmだから，A$(m, \frac{1}{2}m^2)$と表すことができ，AH $= \frac{1}{2}m^2$となる。また，BK $= m$となるから，AB $= (AB + BK) - BK = 15 - m$となり，BH $= AH - AB = \frac{1}{2}m^2 - (15 - m) = \frac{1}{2}m^2 + m - 15$となる。よって，求める座標はB$(m, \frac{1}{2}m^2 + m - 15)$と表せる。

(3) KP：PB $= 1：1$だから，P はBK の中点であり，P のx座標は$\frac{1}{2}m$となる。また，P のy座標はB のy座標と同じ$\frac{1}{2}m^2 + m - 15$である。P は放物線$y = \frac{1}{2}x^2$上の点だから，$\frac{1}{2}m^2 + m - 15 = \frac{1}{2} \times (\frac{1}{2}m)^2$が成り立ち，これを解くと，$m = \frac{-8 \pm \sqrt{8^2 - 4 \times 3 \times (-120)}}{2 \times 3} = \frac{-4 \pm 2\sqrt{94}}{3}$となる。条件にあうのは$0 < m < 14$を満たす値であり，$81 < 94 < 100$だから，$9 < \sqrt{94} < 10$であり，$\frac{-4 + 2 \times 9}{3} = \frac{14}{3}$，$\frac{-4 + 2 \times 10}{3} = \frac{16}{3}$となるので，$m = \frac{-4 + 2\sqrt{94}}{3}$は条件にあう。また，$m = \frac{-4 - 2\sqrt{94}}{3}$は明らかに条件にあわないので，求める値は，$m = \frac{-4 + 2\sqrt{94}}{3}$

Ⅳ ① ∠AED は正五角形ABCDE の内角の1つである。五角形の内角の和は$180 \times (5 - 2) = 540$（°）だから，∠AED $= 540 \div 5 = 108$（°）

② △AED がAE $=$ ED の二等辺三角形だから，∠EDF $=$ ∠EDA $= (180 - 108) \div 2 = 36$（°）

③ AB//EC，BC//AD だから，四角形ABCF は2組の対辺がそれぞれ平行なので，平行四辺形である。また，AB $=$ AC より，四角形ABCF は隣り合う2辺が等しい平行四辺形になるから，③はひし形も正答となる。

④ ∠CAF $=$ ∠EDF，∠AFC $=$ ∠DFE だから，2組の角がそれぞれ等しいので，△AFC $\backsim$ △DFE

⑤ △AFC と△DFE の相似比から，AC：DE $=$ AF：DF より，$6 : x = x : (6 - x)$が成り立つ。これを整理すると，$x^2 + 6x - 36 = 0$となる。

⑥ 2次方程式の解の公式より，$x = \frac{-6 \pm \sqrt{6^2 - 4 \times 1 \times (-36)}}{2 \times 1} = -3 \pm 3\sqrt{5}$ $x > 0$だから，条件にあうのは$x = -3 + 3\sqrt{5}$なので，求める長さは，DE $= -3 + 3\sqrt{5}$（cm）である。

V (1) 1秒後のとき，$AP_1＝AP_2＝AP_3＝1\,$cmだから，$\triangle AP_1P_2$と$\triangle AP_2P_3$と$\triangle AP_3P_1$は，いずれも等しい2辺の長さが1cmの直角二等辺三角形である。このとき，$P_1P_2＝P_2P_3＝P_3P_1＝1\times\sqrt{2}＝\sqrt{2}\,$(cm)となるから，$\triangle P_1P_2P_3$は1辺が$\sqrt{2}\,$cmの正三角形である。正三角形の1辺の長さと高さの比は$2：\sqrt{3}$だから，$\triangle P_1P_2P_3$の高さは$\sqrt{2}\times\dfrac{\sqrt{3}}{2}＝\dfrac{\sqrt{6}}{2}\,$(cm)となるので，求める面積は，$\dfrac{1}{2}\times\sqrt{2}\times\dfrac{\sqrt{6}}{2}＝\dfrac{\sqrt{3}}{2}\,$(cm²)

(2) P_1とP_2とP_3の速さが等しいので，$\triangle P_1P_2P_3$と$\triangle BDE$は常にAを相似の中心とする相似の位置にある。このため，$\triangle P_1P_2P_3\backsim\triangle BDE$が成り立つ。$\triangle P_1P_2P_3：\triangle BDE＝1：2$のとき，$\triangle P_1P_2P_3$と$\triangle BDE$の相似比は$\sqrt{1}：\sqrt{2}＝1：\sqrt{2}$だから，$AP_1：AB＝1：\sqrt{2}$である。$AP_1＝\dfrac{1}{\sqrt{2}}AB＝3\sqrt{2}\,$(cm)だから，求める時間は，$3\sqrt{2}\div1＝3\sqrt{2}\,$(秒後)

(3) 求める長さは，三角すい$AP_1P_2P_3$の底面を$\triangle P_1P_2P_3$としたときの高さにあたる。(1)の解説と同様に考えると，$3\sqrt{2}\,$秒後のとき，$AP_1＝AP_2＝AP_3＝3\sqrt{2}\,$cmだから，$\triangle P_1P_2P_3$は1辺が$3\sqrt{2}\times\sqrt{2}＝6\,$(cm)の正三角形となる。このとき，$\triangle P_1P_2P_3$の高さは$6\times\dfrac{\sqrt{3}}{2}＝3\sqrt{3}\,$(cm)だから，$\triangle P_1P_2P_3＝\dfrac{1}{2}\times6\times3\sqrt{3}＝9\sqrt{3}\,$(cm²)である。また，三角すい$AP_1P_2P_3$の底面を$\triangle AP_1P_2$としたときの高さは$AP_3＝3\sqrt{2}\,$cmである。$\triangle AP_1P_2＝\dfrac{1}{2}\times3\sqrt{2}\times3\sqrt{2}＝9\,$(cm²)だから，三角すい$AP_1P_2P_3$の体積は，$\dfrac{1}{3}\times9\times3\sqrt{2}＝9\sqrt{2}\,$(cm²)である。以上から，三角すい$AP_1P_2P_3$の体積について，$\dfrac{1}{3}\times9\sqrt{3}\times AK＝9\sqrt{2}$が成り立つ。これを解くと，$AK＝\sqrt{6}\,$(cm)

=== 《解答例》 ===

Ⅰ (1)$\dfrac{3}{2}x^3y^7$　　(2)$\dfrac{1}{6}a^2-ab+\dfrac{5}{6}b^2$　　(3)$(x+5)(x+6)$　　(4)$x=7$　$y=4$　　(5)$(-5,25)(3,9)$

　(6)中央値…11　最頻値…7　　(7)$\dfrac{13}{36}$　　(8)120　　(9)$\dfrac{9}{4}$

Ⅱ (1)$-2x+10$　　(2)4　　(3)3，30

Ⅲ (1)320　　(2)3　　(3)$8\sqrt{5}$

Ⅳ (1)3　　(2)4，12

Ⅴ (1)反比例　　(2)④　　(3)$3-k+2T$

=== 《解　説》 ===

Ⅰ (1)　与式$=-\dfrac{x^6y^9}{8}\times\left(-\dfrac{4x^2y}{3}\right)\times\dfrac{9}{x^5y^3}=\dfrac{x^6y^9\times4x^2y\times9}{8\times3\times x^5y^3}=\dfrac{3}{2}x^3y^7$

(2)　与式$=\dfrac{1}{2}(a^2-2ab+b^2)+\dfrac{1}{3}(b^2-a^2)$

　　　$=\dfrac{1}{2}a^2-ab+\dfrac{1}{2}b^2+\dfrac{1}{3}b^2-\dfrac{1}{3}a^2=\dfrac{3}{6}a^2-\dfrac{2}{6}a^2-ab+\dfrac{3}{6}b^2+\dfrac{2}{6}b^2=\dfrac{1}{6}a^2-ab+\dfrac{5}{6}b^2$

(3)　$x+3=T$とおくと，与式$=T^2+5T+6=(T+2)(T+3)$

　Tをもとに戻して，$\{(x+3)+2\}\{(x+3)+3)\}=(x+5)(x+6)$

(4)　$(x-1):(y+5)=2:3$より，$3(x-1)=2(y+5)$となるから，これを整理して，

　$3x-2y=13\cdots$①とする。また，$2x-3y=2\cdots$②とする。

　①×3－②×2でyを消去すると，$9x-4x=39-4$より，$5x=35$　　$x=7$

　①に$x=7$を代入すると，$21-2y=13$より，$y=\dfrac{21-13}{2}=4$

(5)　$y=x^2$と$y=-2x+15$を連立させて，$x^2=-2x+15$　　$x^2+2x-15=0$　　$(x+5)(x-3)=0$

　したがって，$x=-5$，3となる。$y=x^2$において，$x=-5$のとき$y=25$，$x=3$のとき$y=9$だから，求める交点の座標は，$(-5,25)$と$(3,9)$である。

(6)　回数の少ない順に並べると，7，7，7，9，11，14，18，18，20となる。真ん中に並ぶ値は11だから，中央値は11である。また，最も多く現れる回数は7だから，最頻値は7である。

(7)　2回のさいころの目の　図1　　　　図2　　　　図3

　出方は，$6\times6=36$（通り）

　ある。このうちの条件にあ

　う目の出方の数は，

　△ABCのどの角が90°に

　なるかを右の図1〜3のよ

　うに決めたときの，条件に

　あう点Cの数と等しい。

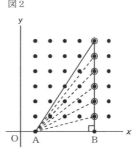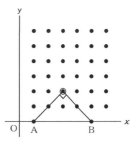

　図1のように∠A＝90°となるのは，点Cが直線$x=1$（$1\leqq y\leqq6$）上にあるときだから，条件にあう点Cは，

　$(m,n)=(1,1)(1,2)(1,3)(1,4)(1,5)(1,6)$の6通りである。

　図2のように∠B＝90°となるのは，点Cが直線$x=5$（$1\leqq y\leqq6$）上にあるときだから，条件にあう点Cは，

　$(m,n)=(5,1)(5,2)(5,3)(5,4)(5,5)(5,6)$の6通りである。

図3のように∠C＝90°となるのは，△ABCがABを斜辺とする直角二等辺三角形のときだから，

(m, n)＝(3, 2)の1通りである。

以上から，条件にあう目の出方は全部で6＋6＋1＝13(通り)あるとわかり，求める確率は，$\frac{13}{36}$となる。

(8) 右のように作図して，平行線の錯角，同位角がそれぞれ等しいことを利用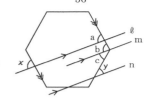

する。正六角形の向かい合う辺は平行なので，平行線の同位角から∠a＝∠**x**

とわかる。また，ℓ//mなので，平行線の同位角から∠b＝∠a＝∠**x**とわかる。

m//nなので，平行線の錯角から∠c＝∠**y**とわかり，∠**x**＋∠**y**＝∠b＋∠c

となる。よって，∠**x**＋∠**y**の大きさは，正六角形の1つの内角の大きさに等し

く，$\frac{180\times(6-2)}{2}=120(°)$

(9) 2点B，Eは折り目のAFについて対称だから，BE⊥AFである。このため，AFとBDの交点をM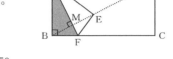

とすると，△ABF∽△AMBとなる。△AMB∽△DABだから，

△ABF∽△DABとなるため，BF：AB＝AB：DA＝1：2となる。

したがって，BF＝$\frac{1}{2}$AB＝$\frac{3}{2}$(cm)だから，求める面積は，

$\frac{1}{2}\times BF\times AB=\frac{9}{4}$(cm²)

Ⅱ (1) A君は，XZ間に$\frac{y}{4}$時間，ZY間に$\frac{x-y}{6}$時間かかり，合計で50分＝$\frac{50}{60}$時間かか

った。$\frac{y}{4}+\frac{x-y}{6}=\frac{50}{60}$より，15y＋10(x－y)＝50　　5y＝－10x＋50　　y＝－2x＋10

(2) B君はYX間の$x$kmを歩くのに1時間かかったから，B君の速さは時速$x$kmとわかる。A君がXZ間を歩

いた$\frac{y}{4}$時間＝$\frac{-2x+10}{4}$時間＝$\frac{-x+5}{2}$時間で，B君はYZ間の$x-y=x-(-2x+10)=3x-10$(km)を歩い

たから，$x\times\frac{-x+5}{2}=3x-10$より，－x²＋5x＝6x－20　　x²＋x－20＝0　　(x＋5)(x－4)＝0

したがって，x＝－5，4となり，x＞0だから，条件にあうのはx＝4である。

(3) (2)のとき，y＝－2×4＋10＝2だから，A君がXZ間にかかる時間は，$\frac{2}{4}$時間＝30分である。

よって，求める時刻は，午後3時の30分後の午後3時30分となる。

Ⅲ (1) 底面積は△ABC＝$\frac{1}{2}\times8\times8=32$(cm²)だから，求める体積は，32×10＝320(cm³)

(2) 立体の表面上で長さが最小になるように結ぶ線分は，展開図上で一直線となる。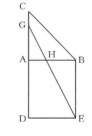

このため，右のように作図して考える。

AG：AC＝3：$\overset{3+1}{4}$だから，AG＝$\frac{3}{4}$AC＝6(cm)

△GAH∽△GDEだから，AH：DE＝GA：GD＝6：(6＋10)＝3：8

よって，AH＝$\frac{3}{8}$DE＝3(cm)

(3) (2)の解説の図のGEの長さを求める。△GDEについて，三平方の定理より，

GE＝$\sqrt{GD^2+DE^2}=8\sqrt{5}$(cm)

Ⅳ (1) 素数は1とその数以外に約数を持たないから，P＝3(2x－5)が素数となるのは，P＝3で，

2x－5＝1のときである。よって，2x＝6　　x＝3

(2) Q＝(x－5)(x－11)となるから，x－5とx－11の一方が1で他方がQの場合と，一方が－1で他方が

－Qの場合に，Qが素数となる可能性がある。

x－5＝1だとすると，x＝6であり，このときQ＝1×(6－11)＝－5となる。Q＜0となるから，問題に

にあわない。

x－11＝1だとすると，x＝12であり，このときQ＝(12－5)×1＝7となる。Qが素数となるから，x＝12

は条件にあう。

$x-5=-1$ だとすると，$x=4$ であり，このとき $Q=-1\times(4-11)=1\times7=7$ となる。Qが素数となるから，$x=4$ は条件にあう。

$x-11=-1$ だとすると，$x=10$ であり，このとき $Q=(10-5)\times(-1)=-5$ となる。$Q<0$ となるから，問題にあわない。

V (2) 「yがxの関数である」とは，1つのxの値に対してyの値が1つに決まる関係のことなので，④が正答である。この場合，②のようになる（xがyの関数になる）とは限らないことに注意する。例えば，$y=2x^2$ のとき，yはxの関数だが，xはyの関数ではない。

(3) $A\left(a,\dfrac{k}{a}\right)$ とすると，四角形OCAEの面積が $a\times\dfrac{k}{a}=k$ となることから，$R+U=k$ …⑦

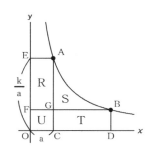

四角形ODBFの面積も，同様にkとなるから，$T+U=k$ …⑦

⑦と⑦から，$R=T$ …⑦とわかり，$U=k-T$ …⑦と表せる。

$S+U=3$ だから，これに⑦を代入すると，$S+(k-T)=3$ より，

$S=3-k+T$ …⑦

よって，⑦と⑦から，$S+R=(3-k+T)+T=3-k+2T$

《解答例》

I　(1)$-9y^2$　(2)$\dfrac{1}{5}$　(3)$x=\dfrac{1}{3}$　$y=\dfrac{1}{2}$　(4)$\dfrac{72}{5}$　(5)$\dfrac{5}{12}$　(6)105　(7)$\dfrac{16}{9}$　(8)$\dfrac{25}{6}\pi$

II　(1)12　(2)$8\sqrt{3}$　(3)$\dfrac{8\sqrt{2}}{3}$

III　(1)$\dfrac{90-3x}{25}$　(2)5

IV　(1)△DCE，△DBC　(2)15：4　(3)9：19

V　(1)$(-1,\ a)$　(2)$bx+a+b$　(3)$-\dfrac{b}{2}$

《解説》

I　(1)　与式$=36x^4y^6\times(-\dfrac{2}{x^7y^4})\times\dfrac{1}{8}x^3=-\dfrac{36x^4y^6\times2\times x^3}{x^7y^4\times8}=-9y^2$

(2)　与式$=(x+y)^2$として，$x=\dfrac{\sqrt{3}+\sqrt{5}}{10}$，$y=\dfrac{\sqrt{5}-\sqrt{3}}{10}$を代入すると，

$(\dfrac{\sqrt{3}+\sqrt{5}}{10}+\dfrac{\sqrt{5}-\sqrt{3}}{10})^2=(\dfrac{\sqrt{5}}{5})^2=\dfrac{1}{5}$

(3)　$\dfrac{1}{x}=$X，$\dfrac{1}{y}=$Yとする。$\dfrac{x+y}{xy}=5$より，$\dfrac{x}{xy}+\dfrac{y}{xy}=5$　$\dfrac{1}{y}+\dfrac{1}{x}=5$　Y＋X＝5…①

$\dfrac{4}{x}-\dfrac{3}{y}=6$より，4X－3Y＝6…②

①・②の連立方程式を解くと，X＝3，Y＝2となるから，$\dfrac{1}{x}=3$より$x=\dfrac{1}{3}$，$\dfrac{1}{y}=2$より$y=\dfrac{1}{2}$

(4)　求める分数を$\dfrac{b}{a}$とおくと，$\dfrac{35}{24}\times\dfrac{b}{a}$と$\dfrac{25}{18}\times\dfrac{b}{a}$がともに自然数となることから，aは35と25の公約数であり，bは24と18の公倍数である。また，最小の$\dfrac{b}{a}$を求めるには，aはできるだけ大きな数で，bはできるだけ小さな数になればよい。つまり，aは35と25の最大公約数5，bは24と18の最小公倍数72とわかり，求める分数は，$\dfrac{72}{5}$

(5)　大小2つのさいころを同時に投げるとき，出る目は全部で6×6＝36(通り)ある。1≦a≦6，1≦b≦6だから，2≦a＋b≦12であり，2以上12以下の素数には2，3，5，7，11がある。これらは右表で○印をつけた15通りあるから，求める確率は，$\dfrac{15}{36}=\dfrac{5}{12}$

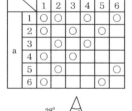

(6)　右図のように記号をおく。三角形の1つの外角は，これととなり合わない2つの内角の和に等しいことから，∠y＝44＋33＝77(°)，∠x＝28＋77＝105(°)

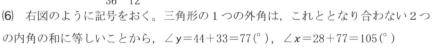

(7)　△ABC，△BDC，△DECは二等辺三角形であり，3つの三角形の底角(∠C)が共通であることから，△ABC∽△BDC∽△DECとわかり，等辺と底辺の長さの比はAB：BC＝6：4＝3：2とわかる。△BDCにおいて，CD＝$\dfrac{2}{3}$CB＝$\dfrac{8}{3}$(cm)

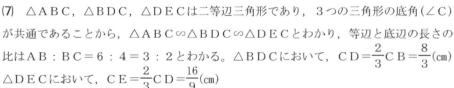

△DECにおいて，CE＝$\dfrac{2}{3}$CD＝$\dfrac{16}{9}$(cm)

(8)　右図のように，影をつけた部分の一部を，面積が変わらないように移動させると，影をつけた部分の面積は，右図の太線で囲まれたおうぎ形の面積に等しいとわかる。右図のAとDを結ぶと，△ADBが正三角形になることから，おうぎ形BADは，半径が5cmで中心角が60°とわかり，求める面積は，$5^2\pi\times\dfrac{60}{360}=\dfrac{25}{6}\pi$(cm²)

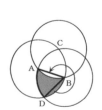

Ⅱ (1) 正八面体は，右図のような8つの面がすべて合同な正三角形でできた立体である。

1つの面に3本の辺があり，1本の辺は2つの面が共有することから，

辺の数は，$3 \times 8 \div 2 = 12$(本)とわかる。

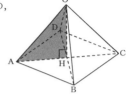

(2) 正三角形の1辺の長さと高さの比は，$2 : \sqrt{3}$ だから，1辺の長さが2cmの

正三角形の面積は，$\dfrac{1}{2} \times 2 \times (2 \times \dfrac{\sqrt{3}}{2}) = \sqrt{3}$ (cm²)

よって，表面積は，$\sqrt{3} \times 8 = 8\sqrt{3}$ (cm²)

(3) 右図のような，すべての辺の長さが2cmの正四角すいO−ABCDの体積を求め，

それを2倍すれば，1辺の長さが2cmの正八面体の体積になる。

右図で，$AC = \sqrt{2} AB = 2\sqrt{2}$ (cm)だから，$AH = \dfrac{1}{2}AC = \sqrt{2}$ (cm)

直角三角形OAHにおいて，三平方の定理により，$OH = \sqrt{OA^2 - AH^2} = \sqrt{2}$ (cm)

正四角すいO−ABCDの体積は，$\dfrac{1}{3} \times (2 \times 2) \times \sqrt{2} = \dfrac{4\sqrt{2}}{3}$ (cm³)だから，求める体積は，

$\dfrac{4\sqrt{2}}{3} \times 2 = \dfrac{8\sqrt{2}}{3}$ (cm³)

Ⅲ (1) 最初に食塩水を x g取り出すと，容器には濃度12%の食塩水が$(30 - x)$gあるから，その中に溶けている食塩の重さは，$(30 - x) \times \dfrac{12}{100} = \dfrac{90 - 3x}{25}$(g)

(2) 容器に x gの水を入れたあとの容器の中の食塩の割合は，$\dfrac{90 - 3x}{25} \div 30 = \dfrac{30 - x}{250}$である。

食塩水を $3x$ g取り出すと，食塩が$\dfrac{30 - x}{250}$の割合で溶けている食塩水が$(30 - 3x)$gあるから，その中に溶けている食塩の重さは，$(30 - 3x) \times \dfrac{30 - x}{250} = \dfrac{(30 - 3x)(30 - x)}{250}$(g)

よって，$\dfrac{(30 - 3x)(30 - x)}{250} = 30 \times \dfrac{5}{100}$より，$(30 - 3x)(30 - x) = 375$　$3x^2 - 120x + 900 - 375 = 0$

$3x^2 - 120x + 525 = 0$　$x^2 - 40x + 175 = 0$　$(x - 5)(x - 35) = 0$　$x = 5, 35$

$30 - 3x$が正であるために，$0 < x < 10$だから，$x = 5$

Ⅳ (1) △ABEと△DBCにおいて，$AD = CD$より，$\overset{\frown}{AD} = \overset{\frown}{CD}$だから，$\angle ABE = \angle DBC$…①

$\overset{\frown}{BC}$に対する円周角より，$\angle BAE = \angle BDC$…②

①，②より，2組の角がそれぞれ等しいので，△ABE∽△DBC

△ABEと△DCEにおいて，対頂角は等しいから，$\angle AEB = \angle DEC$…③

$\overset{\frown}{AD}$に対する円周角より，$\angle ABE = \angle DCE$…④

③，④より，2組の角がそれぞれ等しいので，△ABE∽△DCE

(2) △ABE∽△DCEだから，$AE : DE = AB : DC = 3 : 2$であり，$DE = \dfrac{2}{3}AE$…①

また，△AED∽△BECだから，$AE : BE = AD : BC = 2 : 5$であり，$BE = \dfrac{5}{2}AE$…②

①，②より，$BE : ED = \dfrac{5}{2}AE : \dfrac{2}{3}AE = 15 : 4$

(3) 高さの等しい三角形の面積比は，底辺の長さの比に等しいことと，

三角形の1つの角の二等分線は，その角に向かい合う辺を，残りの辺の長さの比に分けることを利用する。△ABEの面積をSとする。

△ABCにおいて，BEは$\angle ABC$の二等分線だから，

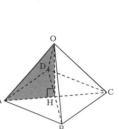

$AE : CE = BA : BC = 3 : 5$

したがって，△ABE：△EBC＝AE：CE＝3：5だから，△EBC$= \dfrac{5}{3}$△ABE$= \dfrac{5}{3}$S

(2)より，BE：BD＝15：(15＋4)＝15：19であり，△EBC：△DBC＝BE：BD＝15：19だから，

△DBC$= \dfrac{19}{15}$△EBC$= \dfrac{19}{15} \times \dfrac{5}{3}S= \dfrac{19}{9}$S　　よって，△ABE：△DBC＝S：$\dfrac{19}{9}$S＝9：19

V (1)　点Aはx座標が-1で，関数$y=ax^2$のグラフ上にあるから，$y=ax^2$に$x=-1$を代入すると，

　　　$y=a\times(-1)^2=a$　　　よって，A$(-1, a)$

(2)　直線ℓは，傾きがbの直線だから，$y=bx+c$とおける。この直線が点Aを通ることから，$x=-1$，

　　　$y=a$を代入すると，$a=-b+c$より，$c=a+b$　　　よって，直線ℓの式は，$y=bx+a+b$

(3)　直線ℓとy軸の交点をC，線分ABとy軸との交点をDとし，直線ℓと$y=ax^2$

のグラフと線分ABで囲まれた4つの部分をア〜エとする。$y=ax^2$のグラフと

線分ABで囲まれた部分の面積をSとすると，（イ＋ウの面積）$=\dfrac{1}{2}$S

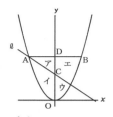

また，放物線と線分ABがy軸について線対称であることから，（ア＋イの面積）$=\dfrac{1}{2}$S

（イ＋ウの面積）＝（ア＋イの面積）だから，（ウの面積）＝（アの面積）

D$(0, a)$，C$(0, a+b)$だから，CD$=a-(a+b)=-b$，AD$=0-(-1)=1$より，

求める面積は，$\dfrac{1}{2}\times$CD$\times$AD$=\dfrac{1}{2}\times(-b)\times1=-\dfrac{b}{2}$

═══════════════════ 《解答例》 ═══════════════════

I (1)$-9y^2$　(2)$(a-b)(x+y)(x-y)$　(3)$x=6$　$y=8$　(4)$x=3,10$　(5)$a=\dfrac{2}{3}$　$b=\dfrac{2}{3}$　(6)28

(7)③　(8)100　(9)$-2+2\sqrt{11}$　(10)960

II (1)12π　(2)96π

III (1)15　(2)$\dfrac{5}{54}$

IV (1)$\left(1,\dfrac{1}{2}\right)$　(2)$\left(3,\dfrac{9}{2}\right)$　(3)$y=\dfrac{13}{2}x$

V (1)3　(2)$\sqrt{13}$　(3)$\dfrac{5\sqrt{13}}{3}$

═══════════════════ 《解　説》 ═══════════════════

I (1) 与式$=-3x^2y\div\dfrac{x^2y^2}{9}\times\dfrac{y^3}{3}=-3x^2y\times\dfrac{9}{x^2y^2}\times\dfrac{y^3}{3}=-\dfrac{3x^2y\times9\times y^3}{x^2y^2\times3}=-9y^2$

(2) 与式$=(a-b)(x^2-y^2)=(a-b)(x+y)(x-y)$

(3) $x+y=$A，$x-y=$Bとすると，2A$+5$B$=18\cdots$①，4A$-$B$=58\cdots$②とおくことができる。

①$+$②$\times5$でBを消去すると，2A$+20$A$=18+290$より，A$=14$

①にA$=14$を代入すると，$2\times14+5$B$=18$より，B$=-2$

したがって，$x+y=14\cdots$③，$x-y=-2\cdots$④とおける。③$+$④でyを消去すると，$2x=12$より，$x=6$

③に$x=6$を代入すると，$6+y=14$より，$y=8$

(4) 与式より，$x^2+x-12=2(x^2-6x+9)$　　$x^2+x-12=2x^2-12x+18$　　$x^2-13x+30=0$

$(x-3)(x-10)=0$　　$x=3,10$

(5) xの変域が$x=0$を含んでいないことと，yの最大値が6で正の数であることから，a>0で，$x=-1$のときにyは最小値bをとり，$x=-3$のときにyは最大値6をとるとわかる(右図)。したがって，$y=ax^2$に$x=-3$，$y=6$を代入すると，$6=$a$\times(-3)^2$より，a$=\dfrac{2}{3}$

$y=\dfrac{2}{3}x^2$に$x=-1$，$y=$bを代入すると，b$=\dfrac{2}{3}\times(-1)^2=\dfrac{2}{3}$

(6) $63=3^2\times7$だから，条件にあう最小の偶数は$2^2\times7=28$である。

(7) この展開図を組み立てたとき，線分ABがある平面と，線分CDがある平面は平行になる。このことから，正答は③となる。

(8) 円周角，中心角の大きさはともに弧の長さに比例する。

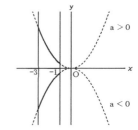

右図のように記号をおいて補助線を引く(Oは円の中心)と，$\angle$AOB$=360\times\dfrac{1}{9}=40(°)$となり，円周角と中心角の関係から，$\angle$ADB$=\dfrac{1}{2}\angle$AOB$=20(°)$とわかる。

$\overparen{AB}:\overparen{AC}=1:5$だから，$\angle x=\angle$ADC$=5\angle$ADB$=100(°)$

(9) $\angle$AEB$=\angle$ACDで，$\angle$Aが共通だから，$\triangle$AEB$\backsim\triangle$ACDとわかり，AE：AC$=$AB：ADとなる。AE$=x$とする$(x>0)$と，AD$=x+4$と表せるから，$x:(3+5)=5:(x+4)$

$x(x+4)=8×5$　　$x^2+4x-40=0$　　2次方程式の解の公式より，$x=-2±2\sqrt{11}$

$x>0$だから，求める長さはＡＥ$=-2+2\sqrt{11}$となる。

(10)　不良品は 500 個に 8 個の割合で含まれるから，$60000×\dfrac{8}{500}=960$ より，求める個数はおよそ 960 個と推定できる。

Ⅱ　(1)　底面の円周の長さは側面のおうぎ形の弧の長さに等しく，$2\pi×10×\dfrac{216}{360}=12\pi$ (cm)

(2)　三平方の定理を利用すると，円すいの高さは$\sqrt{(母線の長さ)^2-(底面の半径)^2}$で求めることができる。この展開図を組み立ててできる円すいの母線の長さは 10 ㎝であり，円周の長さから底面の半径は $12\pi÷2\pi=6$ (cm)となるから，高さは$\sqrt{10^2-6^2}=8$ (cm)となる。よって，求める体積は，$\dfrac{1}{3}×6^2\pi×8=96\pi$ (cm³)

Ⅲ　(1)，(2)ともに，ｂの値を決めてから，条件にあうａ，ｃの値の個数を調べる。

(1)　ｂの値が 1 から 6 それぞれの場合について，条件にあうａ，ｃの値の個数を調べると，右表のようになる。この表から，条件にあう目の出方は，$1×5+1×4+1×3+1×2+1×1+1×0=15$(通り)

ｂの値	ａの値の個数	ｃの値の個数
1	1 個 (1)	5 個 (2, 3, 4, 5, 6)
2	1 個 (2)	4 個 (3, 4, 5, 6)
3	1 個 (3)	3 個 (4, 5, 6)
4	1 個 (4)	2 個 (5, 6)
5	1 個 (5)	1 個 (6)
6	1 個 (6)	0 個

(2)　1 つのさいころを 3 回投げるとき，すべての目の出方は $6^3=216$(通り)ある。また，(1)と同様にして表を作ると右のようになるから，条件にあう目の出方は，$0×5+1×4+2×3+3×2+4×1+5×0=20$(通り)ある。よって，求める確率は，$\dfrac{20}{216}=\dfrac{5}{54}$

ｂの値	ａの値の個数	ｃの値の個数
1	0 個	5 個 (2, 3, 4, 5, 6)
2	1 個 (1)	4 個 (3, 4, 5, 6)
3	2 個 (1, 2)	3 個 (4, 5, 6)
4	3 個 (1, 2, 3)	2 個 (5, 6)
5	4 個 (1, 2, 3, 4)	1 個 (6)
6	5 個 (1, 2, 3, 4, 5)	0 個

Ⅳ　(1)　点Ｂは放物線$y=\dfrac{1}{2}x^2$と直線$y=-\dfrac{1}{2}x+1$の交点のうち，点Ａと異なる点だから，$\dfrac{1}{2}x^2=-\dfrac{1}{2}x+1$ より，$x^2+x-2=0$　　$(x-1)(x+2)=0$　　$x=1, -2$　　点Ａのx座標は負だから-2となり，点Ｂのx座標は1となる。したがって，$y=\dfrac{1}{2}×1^2=\dfrac{1}{2}$より，求める座標はＢ$(1, \dfrac{1}{2})$となる。

(2)　四角形ＡＢＣＤが平行四辺形だから，ＤＣ//ＡＢでＤＣ＝ＡＢより，2 点Ｄ，Ｃのx座標の差と 2 点Ａ，Ｂのx座標の差は等しく，$1-(-2)=3$とわかる。y軸上の点Ｄのx座標は 0 だから，点Ｃのx座標は 3 となり，$y=\dfrac{1}{2}×3^2=\dfrac{9}{2}$より，求める座標はＣ$(3, \dfrac{9}{2})$となる。

(3)　平行四辺形の面積を 2 等分する直線は対角線の中点を通るから，式を求める直線は，原点と，対角線ＡＣの中点を通る。

$y=\dfrac{1}{2}×(-2)^2=2$ より，Ａ$(-2, 2)$だから，対角線ＡＣの中点のx座標は$\dfrac{3+(-2)}{2}=\dfrac{1}{2}$，$y$座標は$(\dfrac{9}{2}+2)×\dfrac{1}{2}=\dfrac{13}{4}$となる。

したがって，式を求める直線の傾きは$\dfrac{13}{4}÷\dfrac{1}{2}=\dfrac{13}{2}$となるから，その式は$y=\dfrac{13}{2}x$となる。

V (1) △ＡＢＣの面積について，$\frac{1}{2} \times 6 \times AH = 9$ だから，$AH = 3$

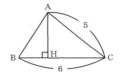

(2) △ＡＣＨにおいて三平方の定理により，$CH = \sqrt{AC^2 - AH^2} = 4$ となるから，

ＢＨ＝６－４＝２である。よって，△ＡＢＨにおいて三平方の定理により，

$AB = \sqrt{AH^2 + BH^2} = \sqrt{13}$

(3) 右図のように外接円の中心をＯとし，点Ａを通る直径ＡＤを引く。半円の弧に

対する円周角は $90°$ であることと，１つの弧に対する円周角は等しいから，

△ＡＢＨ∽△ＡＤＣである。

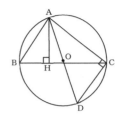

したがって，$AB : AD = AH : AC = 3 : 5$ より，$AD = \frac{5}{3} AB = \frac{5\sqrt{13}}{3}$ となる

から，求める直径は $\frac{5\sqrt{13}}{3}$ である。

――――――――――――――――――《解答例》――――――――――――――――――

Ⅰ (1)13　(2)$\dfrac{8a-4b}{15}$　(3)$3(x+2)(x-2)$　(4)$x=3$　$y=\dfrac{9}{4}$　(5)$\dfrac{3}{2}$　(6)$\dfrac{5}{12}$　(7)$-\dfrac{9}{2}\leqq y\leqq 0$

(8)$560a$

Ⅱ (1)39　(2)$2-\dfrac{\pi}{2}$〔別解〕$\dfrac{4-\pi}{2}$　(3)35　(4)$\dfrac{8}{3}$

Ⅲ (1)$-x-2$　(2)2　(3)$\dfrac{30}{7}$

Ⅳ (1)5　(2)2　(3)$\dfrac{20-5\sqrt{10}}{2}$〔別解〕$10-\dfrac{5}{2}\sqrt{10}$

Ⅴ (1)6　(2)①16　②4

――――――――――――――――――《解　説》――――――――――――――――――

Ⅰ (1) 与式$=(-27)\times\left(-\dfrac{2}{9}\right)-(-4)\times\dfrac{175}{100}=6-(-4)\times\dfrac{7}{4}=6+7=13$

(2) 与式$=\dfrac{3(3a-4b)-(a-8b)}{15}=\dfrac{9a-12b-a+8b}{15}=\dfrac{8a-4b}{15}$

(3) 与式$=3(x^2-4)=3(x^2-2^2)=3(x+2)(x-2)$

(4) $3x=4y$より，$4y=3x\cdots①$，$0.2x-0.4y=-0.3$の両辺に10をかけて，$2x-4y=-3\cdots②$

②に①を代入すると，$2x-3x=-3$　$-x=-3$　$x=3$　①に$x=3$を代入すると，$4y=3\times3$　$y=\dfrac{9}{4}$

(5) 与式$=6a^2b^2=6(ab)^2$

$ab=\left(\dfrac{\sqrt{3}+1}{2}\right)\left(\dfrac{\sqrt{3}-1}{2}\right)=\dfrac{(\sqrt{3})^2-1^2}{4}=\dfrac{3-1}{4}=\dfrac{1}{2}$

$6(ab)^2$に$ab=\dfrac{1}{2}$を代入すると，$6\times\left(\dfrac{1}{2}\right)^2=6\times\dfrac{1}{4}=\dfrac{3}{2}$

(6) 大小2つのさいころの目の出方は$6\times6=36$(通り)ある。そのうち目の積が

4の倍数となる出方は右表の○印の15通りだから，求める確率は，$\dfrac{15}{36}=\dfrac{5}{12}$

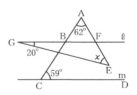

(7) $y=-\dfrac{1}{2}x^2$のグラフは下に開いた放物線だから，xの絶対値が大きいほどyの値は小さくなる。したがって，

$-3\leqq x\leqq2$でのyの最小値は，$x=-3$のときの，$y=-\dfrac{1}{2}\times(-3)^2=-\dfrac{9}{2}$であり，$x$の変域が0を含むから

yの最大値は，0である。よって，yの変域は，$-\dfrac{9}{2}\leqq y\leqq0$

(8) この品物の定価は$a+a\times\dfrac{4}{10}=\dfrac{7}{5}a$(円)だから，売り上げの総額は，$\dfrac{7}{5}a\times400=560a$(円)

Ⅱ (1) 右図のように補助線を引き，記号をおく。$\ell//m$より，平行線の錯角は

等しいから，$\angle ABF=\angle ACD=59°$

$\triangle ABF$の内角の和より，$\angle AFB=180-\angle BAF-\angle ABF=59(°)$

三角形の1つの外角は，これととなりあわない2つの内角の和に等しいから，

$\triangle GEF$において，$\angle x=\angle AFB-\angle EGF=39(°)$

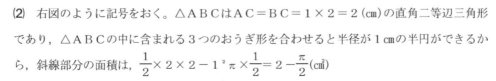

(2) 右図のように記号をおく。$\triangle ABC$は$AC=BC=1\times2=2$(cm)の直角二等辺三角形

であり，$\triangle ABC$の中に含まれる3つのおうぎ形を合わせると半径が1cmの半円ができるか

ら，斜線部分の面積は，$\dfrac{1}{2}\times2\times2-1^2\pi\times\dfrac{1}{2}=2-\dfrac{\pi}{2}$(cm²)

(3) 円の中心をOとし，2点O，Eを結ぶ。円Oの周の長さは $2\pi \times 1 = 2\pi$ (cm)で，$\overset{\frown}{DB} + \overset{\frown}{BE} = \dfrac{11}{18}\pi$ (cm)

だから，$\overset{\frown}{DB} + \overset{\frown}{BE}$ の長さは円周の，$\dfrac{11}{18}\pi \div 2\pi = \dfrac{11}{36}$(倍)

おうぎ形の中心角は弧の長さに比例するから，$\angle DOE = 360 \times \dfrac{11}{36} = 110$ (°)より，$\angle COE = 180 - 110 = 70$ (°)

円周角は，同じ弧に対する中心角の半分の大きさだから，$\angle CBE = \dfrac{1}{2}\angle COE = 35$ (°)

(4) 三角すいB-DEGの体積は，直方体ABCD-EFGHの体積から，体積が等しい4つの三角すい

E-ABD，G-CDB，B-FEG，D-HGEの体積の和を引いた値に等しく，

$2 \times 1 \times 4 - \left\{\dfrac{1}{3} \times \left(\dfrac{1}{2} \times 1 \times 2\right) \times 4\right\} \times 4 = 8 - \dfrac{16}{3} = \dfrac{8}{3}$ (cm³)

Ⅲ (1) 2点A，Tの座標より直線 ℓ の傾きは $\dfrac{-2-0}{0-(-2)} = -1$ であり，直線 ℓ の y 軸上の切片は点Tだから，

直線 ℓ の式は，$y = -x - 2$

(2) 点Pは①のグラフと直線 ℓ の交点だから，$y = -x^2$ と $y = -x - 2$ を連立させると，$-x^2 = -x - 2$

$x^2 - x - 2 = 0$　$(x+1)(x-2) = 0$　点Pの x 座標は正だから，点Pの x 座標は，$x = 2$

(3) △QPSの面積は，△APSの面積から△AQSの面積を引いた値と等しい。

点Pは①のグラフ上の点だから，$y = -x^2$ に $x = 2$ を代入すると，$y = -2^2 = -4$ より，P$(2, -4)$

2点B，Pの座標より直線mの傾きは $\dfrac{-4-3}{2-0} = -\dfrac{7}{2}$ であり，直線mの y 軸上の切片は点Bだから，直線mの

式は，$y = -\dfrac{7}{2}x + 3$

点Sは y 座標が0で，直線m上の点だから，$y = -\dfrac{7}{2}x + 3$ に $y = 0$ を代入すると，$0 = -\dfrac{7}{2}x + 3$　$x = \dfrac{6}{7}$ より，S$\left(\dfrac{6}{7}, 0\right)$

(2)より，点Qの x 座標は -1 であり，点Qは①のグラフ上の点だから，$y = -x^2$ に $x = -1$ を代入すると，

$y = -(-1)^2 = -1$ より，Q$(-1, -1)$

△APSの底辺をAS $= \dfrac{6}{7} - (-2) = \dfrac{20}{7}$ としたときの高さは，点Pの y 座標の絶対値と等しく4だから，

△APS $= \dfrac{1}{2} \times \dfrac{20}{7} \times 4 = \dfrac{40}{7}$，同様に，△AQS $= \dfrac{1}{2} \times \dfrac{20}{7} \times 1 = \dfrac{10}{7}$

よって，△QPS $=$ △APS $-$ △AQS $= \dfrac{30}{7}$

Ⅳ (1) CH $= x$ cmとすると，EH $=$ CH $= x$ cm，DH $= (9-x)$ cm，DE $= \dfrac{1}{2+1}$ AD $= 3$ (cm)

直角三角形DEHにおいて，三平方の定理より，EH² $=$ DE² $+$ DH²　$x^2 = 3^2 + (9-x)^2$

$18x = 90$　$x = 5$　よって，CH $= 5$ cm

(2)　2点E，Gを結ぶ。BG＝ycmとすると，FG＝BG＝ycm，AG＝（9－y）cm，AE＝AD－DE＝6 (cm)

直角三角形AEGにおいて，三平方の定理より，$EG^2＝AG^2＋AE^2$

直角三角形EFGにおいて，三平方の定理より，$EG^2＝FG^2＋EF^2$

以上より，$AG^2＋AE^2＝FG^2＋EF^2$　$（9－y）^2＋6^2＝y^2＋9^2$

$81－18y＋y^2＋36＝y^2＋81$　$18y＝36$　$y＝2$　よって，BG＝2cm

(3)　円の中心をO，円と3辺EF，EH，GHの接点をそれぞれ
I，J，K，直線EFとHGを延長してできる交点をLとし，右
図のように補助線をひく。また，円の半径をrcmとする。

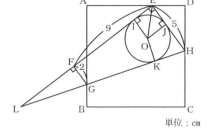

単位：cm

△FLG∽△ELH（証明略）より，

FL：EL＝FG：EH＝2：5，$EL＝\dfrac{5}{5－2}EF＝15$（cm）

直角三角形ELHにおいて，三平方の定理より，$HL＝\sqrt{EL^2＋EH^2}＝5\sqrt{10}$（cm）

円の接線とその接点を通る半径は垂直に交わり，OI＝OJ＝rcmより，四角形OJEIは正方形となるため，

EJ＝EI＝OI＝rcm，JH＝EH－EJ＝（5－r）cm，IL＝EL－EI＝（15－r）cm

円外の1点からその円に引いた2本の接線の長さは等しいから，

KH＝JH＝（5－r）cm，KL＝IL＝（15－r）cm

HL＝KH＋KLより，$5\sqrt{10}＝（5－r）＋（15－r）$　これを解くと，$r＝\dfrac{20－5\sqrt{10}}{2}$

よって，求める半径は，$\dfrac{20－5\sqrt{10}}{2}$cm

Ⅴ　(1)　$\sqrt{\dfrac{2000}{n}}$が整数となるのは，$\dfrac{2000}{n}$がある整数の2乗になるときである。

$2000＝2^4×5^3＝2^2×2^2×5^2×5$より，次のように考える。

$\dfrac{2000}{n}＝1^2$となるとき，$n＝2^2×2^2×5^2×5$。$\dfrac{2000}{n}＝2^2$となるとき，$n＝2^2×5^2×5$。

$\dfrac{2000}{n}＝5^2$となるとき，$n＝2^2×2^2×5$。$\dfrac{2000}{n}＝2^2×2^2＝（2×2）^2$となるとき，$n＝5^2×5$。

$\dfrac{2000}{n}＝2^2×5^2＝（2×5）^2$となるとき，$n＝2^2×5$。$\dfrac{2000}{n}＝2^2×2^2×5^2＝（2×2×5）^2$となるとき，$n＝5$。

よって，求めるnの個数は，6個

(2)　a，bを異なる素数とし，$\sqrt{\dfrac{m}{n}}$が整数となるnの個数を，(1)と同様にして以下のように考える。

m＝1のとき，nは1の1個，$m＝a^2$のとき，nは1，a^2の2個。$m＝a^2×a^2$のとき，nは1，a^2，a^4の3個。$m＝a^2×b^2$のとき，nは1，a^2，b^2，a^2b^2の4個。$m＝a^2×a^2×a^2$のとき，nは1，a^2，a^4，a^6の4個。$m＝a^2×a^2×a^2×a^2$のとき，nは1，a^2，a^4，a^6，a^8の5個。$m＝a^2×a^2×b^2$のとき，nは1，a^2，b^2，a^4，a^2b^2，a^4b^2の6個。

また，kを，因数に素数の2乗を持たない2以上の整数とすると，上記のmにkをかけてもnの個数は変わらない。例えば，$m＝a^2×b^2×k$のとき，nはk，a^2k，b^2k，a^2b^2kの4個である。

①　＜m＞＝3となる最小のmは，$m＝a^2×a^2$でa＝2のときだから，$m＝2^2×2^2＝16$

②　$m＝a^2×b^2$のとき，mが1以上100以下となるa，bの値は，a＝2，b＝3で，$m＝2^2×3^2＝36$，
a＝2，b＝5で，$m＝2^2×5^2＝100$

これらのmの値にkをかけた場合，mが1以上100以下となるのは，36にk＝2をかけた，m＝36×2＝72

m＝a²×a²×a²のとき，mが1以上100以下となるaの値は，a＝2で，m＝2²×2²×2²＝64

これらのmの値にkをかけた場合，mが1以上100以下となるkの値はない。

よって，＜m＞＝4となるmは36，64，72，100の4個ある。

英 語

平成 ㉛ 年度 解答例・解説

《解答例》

I A. (1)Alaska (2)fiction (3)kitchen (4)aquarium (5)shower　　B. (1)エ (2)イ (3)ウ (4)ウ (5)エ

II A. (1)ウ (2)prepare〔別解〕study／practice (3)E (4)H　　B. (1)エ (2)ア (3)ウ (4)イ (5)エ

III (1)A. invited　B. taking　C. came　D. met　　(2)days a game programmer is one of the most popular

(3)小さなモンスターを捕まえるために，歩き回って，モンスターの居場所の情報を得るために話をすること。

(4)①computers ②difficult ③with ④trying ⑤true

IV (1)①there is a sea between the two (countries)　②the same sound as the word "ate"　　(2)③it stopped raining〔別解〕

the rain stopped　④how many colors are in the rainbow／how many colors the rainbow has　／how many colors there are

in the rainbow　などから１つ

《解 説》

I A(1) 「これはアメリカのある場所の名前です。実際はロシアにとても近いです。多くの山と氷河があります」＝
Alaska「アラスカ」

(2) 「作家はこれをイメージして書きます。多くの人々がこのジャンルの話を読むことを楽しんでいます。それは
事実ではありません」＝fiction「フィクション／作り話」

(3) 「これは家の場所です。この場所で料理し，食後にここで皿を洗います」＝kitchen「台所」

(4) 「もし多くの種類の魚や水中の動物を見たいならばこの場所を訪れます。名古屋に１か所あります。多くの
人々が友達や家族とここに行きます」＝aquarium「水族館」

(5) 「体をきれいにするためにこれを使います。ふつう私たちが立つと水が降り注いできます。これを止めてから
乾かすためにタオルを使います＝shower「シャワー」

B 【ⅠB 放送文の要約】参照。(1) 質問「なぜリクはケンと一緒に座るかもしれないと思ったのですか？」

(2) 質問「どうしてリクはケンが通っていた学校について知っているのですか？」　(3) 質問「ケンは中学校の
修学旅行について何を言っていますか？」　(4) 質問「名古屋高校の生徒はどこにホームステイができますか？」

(5) 質問「ケンは将来何をしたいですか？」

【ⅠB 放送文の要約】

ケン：こんにちは！僕の名前はケンだよ。君は今年Aクラスなの？

リク：そうだよ。僕らはクラスメイトだね。君の学生ナンバーは，ケン？

ケン：⑴エ17番だよ。君は？

リク：⑴エおお！僕は18番だよ。多分僕らは授業中一緒に座るね。僕の名前はリクだよ。はじめまして。

ケン：こちらこそはじめまして。昨年はどこの学校に通ってた？

リク：ああ，僕はシンリン中学校だよ。僕はそこでたくさんの友達がいたけど，全員違う学校に進学したんだ。君はこ
こでの最初の友達だよ，ケン！

ケン：僕はDクラスに２人友達がいるよ。後で彼らにあいさつに行こうよ。僕らはみんな去年はスナダバシ中学校に通

っていたんだ。

リク：⑵ィ<u>その学校なら知っているよ。この地域じゃすごく有名だよ。</u>

ケン：そう？素晴らしい先生がたくさんいらっしゃったし強豪のスポーツチームがあったね。そして，修学旅行では長野へ行ったよ。雪の中でキャンプをして，2つの高い山に登ったよ。

リク：とてもいいね，ケン！僕らは奈良へ行ったけど2日間，雨だったんだ。

ケン：それは残念だったね。もちろん僕らの旅行は寒かったけど，ちゃんと防寒着を着ていたし，晴れていたからね。⑶ゥ<u>最終日にはみんなでスケートに行ったんだ。</u>何回も挑戦しては転んだよ。笑いが止まらなかったね！

リク：うらやましいな！でも来年この学校では沖縄旅行があるよ。きっとすばらしい経験ができると思うんだ。

ケン：うん。⑷ゥ<u>僕らはそこでホームステイをする機会があるよね。</u>僕はカナダでホームステイをしたいんだ。この学校はイギリス，アメリカ，カナダに語学留学ができるけど，カナダはホームステイだけだって知ってる？

リク：うん。僕も行きたいよ。僕は本当に英語が得意になりたいんだ。そうすればアメリカの大学へ行ける。

ケン：それはすごい夢だね，リク。⑸ェ<u>僕は将来何をしたいかわからないけど，</u>友達をたくさん作ってこの学校で毎日楽しむつもりだよ。

リク：すばらしい考えだね！僕は名古屋高校の生徒になれてとてもうれしいよ！

Ⅱ　A⑴　【ⅡA　本文の要約】参照。質問「彼らは会って最初に何をしますか？」…彼らは昼食を食べてから図書館で宿題をする。

⑵　【ⅡA　本文の要約】参照。質問「なぜ彼らは図書館へ行きますか？」…明日の英語の授業でスピーチをするため，その準備＝prepare をしなければならない。

⑶　【ⅡA　本文の要約】参照。質問「映画館は地図上のどこにありますか？AからKから選んでください」…右図参照。

⑷　【ⅡA　本文の要約】参照。質問「レストランは地図上のどこにありますか？AからKから選んでください」…右図参照。

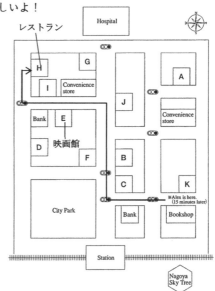

【ⅡA　本文の要約】

（トムとアレックスは電話で話をしている。）

トム　　　：やあ，アレックス。どこにいるの？もう12時だよ。待ち合わせの時間だろ。

アレックス：ごめん，トム。僕はちょうど駅に到着したところなんだ。すぐ行くね。待ち合わせの場所は公園の時計の前だよね。

トム　　　：違うよ！！今日は，宿題をするために図書館へ行かなければならないんだよ。⑵<u>僕らは明日英語の授業でスピーチをしなければならないんだから。</u>

アレックス：おお，忘れていたよ。わかった，すぐに図書館へ行くよ。

トム　　　：何だって？⑴ゥ<u>僕らは図書館の前に一緒に昼食を食べようって決めたじゃないか。</u>だから，レストランの前で待ち合わせをするんだよ。覚えている？

アレックス：ああ，もちろん，覚えているよ…。10分でそこに行くよ。ごめん。

トム　　　：君は野球をすることばかり考えているだろ…でもそれはいいよ。待っているよ。

アレックス：ごめん。

(15 分後)

トム　　　：アレックス，何をしているの？

アレックス：ごめん，トム。道に迷ったんだ。

トム　　　：本当に？君は今どこにいるかわかる？

アレックス：わからないんだ。本屋が見えるよ，そしてその後ろに名古屋スカイツリーの先端が見えるよ。

トム　　　：本屋…？君がどこにいるかわかるよ。そこからレストランへの道を君に言うね。

アレックス：ありがとう！

トム　　　：(3)最初に，西へ進んで。それから，信号があるけどまっすぐ進んで。約1分後に次の信号が見えたら右に曲がって。君の前方約 500 m に大きな病院が見える。病院の1区画前の左側にコンビニがあるよ。その道を左に曲がって。左側にある映画館を通り過ぎて。(4)左側にある銀行が見えたら右に曲がって。すぐに右側にレストランが見えるよ。

アレックス：わかったよ，トム。そこへ行ってみるよ。ありがとう。

トム　　　：そんなに難しくないよ。

(10 分後)

トム　　　：おい，アレックス！ここだよ！

アレックス：トム！ごめんね，そして本当にありがとう。

B　(1)　質問「Klein's Burgers はなぜ日本で最高に新鮮でおいしいハンバーガーなのですか？」…メニュー表の最初の文章の3〜4行目「私どものハンバーガーはすべて東海地方産の肉や野菜で作られています」より，エが適当。

(2)　質問「メニュー表の最初の3つのハンバーガーの中で，一番野菜が入っているのはどれですか？」…Klein's Special Burger Meal にはレタス，トマト，タマネギが入っており，一番野菜が入っているので，アが適当。

(3)　【ⅡB　本文の要約】参照。質問「トムが決して注文しないメニューは何ですか？」…パイナップルが入っているメニューは注文しないと考えられる。メニュー表より，パイナップルが入っているウ Hawaiian Burger Meal が適当。

(4)　【ⅡB　本文の要約】参照。質問「トムはこの昼食でいくら必要ですか？」…メニュー表より，Cheeseburger Meal が $11，トッピングの目玉焼きが $2 だから，11＋2＝($)13 のウが適当。メニュー表の一番下に「食事にトッピングを追加すると，無料で飲み物をご提供します」より，トムのオレンジジュースは無料であることに注意。

(5)　【ⅡB　本文の要約】参照。質問「アレックスはこの昼食でいくら必要ですか？」…アレックスは Original Hamburger Meal を注文し，トッピングが目玉焼き，トマト，チーズの3つだから，メニュー表より $12。また，飲み物が $1 だから，12＋1＝($)13 のエが適当。メニュー表の一番下に「Original Hamburger Meal をご注文の場合は，ドリンクの無料サービスは受けられません」とあるから，アレックスのコーヒーは有料であることに注意。

【ⅡB　本文の要約】

トム　　　：何を食べようか，アレックス？

アレックス：えっと，とてもお腹がすいているけどまだ考え中なんだ。僕はここに来たのは初めてだ。君は何を食べるの？

トム　　　：⑷<u>僕は Cheeseburger Meal とトッピングメニューの目玉焼きにしようかな。</u>

アレックス：了解。僕は Klein's Special Burger Meal を注文したいけどタマネギが好きじゃないんだ。

トム　　　：このレストランではタマネギが入っていないハンバーガーを注文することはできないよ。

　　　　　　⑸<u>君には Original Hamburger Meal がいいんじゃないかな。欲しいものを選べるよ。</u>

アレックス：いいね！⑸<u>僕は目玉焼きとトマトにするよ。</u>

トム　　　：⑸<u>チーズも入れるべきだね。本当においしいんだ。</u>

アレックス：本当に？⑸<u>僕は君の言うとおりにするよ。</u>

トム　　　：他にトッピングは？パイナップルは欲しい？

アレックス：いらないよ。

トム　　　：いいんだね？

アレックス：うん。僕には多すぎるよ。それに，⑶<u>僕はフルーツを肉と一緒に食べるのが好きじゃないんだ。</u>

トム　　　：⑶<u>僕もだよ。</u>飲み物は？

アレックス：⑸<u>コーヒーにするよ。</u>

トム　　　：⑷<u>僕はオレンジジュースだね。</u>

Ⅲ　(1)　【Ⅲ　本文の要約】参照。　A　直前の be 動詞 was と文の流れより，〈be 動詞＋過去分詞〉「～される」の受動態

　　　　の文である。invite「招く」の過去分詞 invited が適当。　　　B　直前の be 動詞と文の流れより，〈be 動詞＋～ing〉

　　　　「～していた」の過去進行形の文である。　・take care of ～「～を世話する／介護する」　　　C　過去の文だから動

　　　　詞を過去形 came にする。　　・come up with ～「～を思い付く」　　　D　過去の文だから動詞を meet「会う」の過去

　　　　形 met にする。

　　(2)　These <u>days a game programmer is one of the most popular</u> jobs. :〈one of the most ～〉「最も～のうちの１つ」の

　　　　形。・these days「近年／最近」

　　(3)　【Ⅲ　本文の要約】参照。代名詞の指す内容は直前に書かれていることが多い。

　　(4)　英文の要約「今日，若者だけでなく高齢者もゲームをすることを楽しんでいます。若宮さんは①コンピュータ

　　　　(＝computers) が高齢者にとって人生を楽しむために役に立つと考えました。彼女は高齢者のために新しいゲーム

　　　　を作ろうとしましたが，それは彼女にとって②難しかった(＝difficult)です。その時彼女は一人のゲームクリエイタ

　　　　ーと出会う機会を得ました。彼は彼女がコンピュータのプログラミングを③するのを手伝いました(＝help～with…)。

　　　　④挑戦し(＝trying)続けなさい，そうすればいつか夢は⑤かなう(＝come true)でしょう。

【Ⅲ　本文の要約】

　　あなたは将来何をしたいですか？私が授業でこの質問をすると，「新しいゲームを作りたい」と言う生徒がいます。

近年，ゲームプログラマーは最も人気がある職業の１つです。その証拠に生徒の多くがゲーム好きですし，ゲームのほ

とんどが若者向けに作られています。しかし，ゲーム好きな人がみんな若いと思いますか？もちろん違います。数年前，

新しいタイプのゲーム「ポケモンゴー」が世界中で大ヒットしました。⑶<u>小さなモンスターを捕まえるために，人々は</u>

<u>歩き回って，どこにモンスターがいるかについての情報を得るために人と話します。</u>これは高齢者にとってよい運動に

なります。このゲームのおかげで，高齢者は外出する目的ができ，人と話す楽しみを得る機会も得られます。ゲームは

私たちを健康に保つためのよい道具になり得ます。

　　高齢者向けのゲームを作った有名な日本人ゲームプログラマーがいます。彼女の名前は若宮正子です。2017 年，彼女

はコンピュータがどのように高齢者の生活を改善するかについてのスピーチをするために，イギリスに⑴A<u>招かれまし</u>

た（＝was invited）。

　正子は仕事を退職した直後からコンピュータを使い始めました。彼女は 60 歳でした。当時彼女は母親を ⑴B介護して いました（＝was taking care of）。それで外出が難しかったのです。インターネットを通して，彼女はたくさんの友人を 作り，家の中で話をして楽しみました。彼女は翼を持ったように感じました！新しい翼で多くの場所へ行きました。非 常に多くの高齢者が，特に一人暮らしや外出できない高齢者がこうした翼を必要としていると思いました。彼女は簡単 な方法でコンピュータを使うアイデアを ⑴C思い付きました（＝came up with）。最初に彼女はコンピュータで大小さま ざまな形を使った模様をたくさんデザインし，手作りのカバンやハンカチに付けました。そのようなデザインを手作業で 作るには多くの時間がかかります。それで，この簡単なデザイン手法が人気になりました。次に彼女は新しいゲームを 作りたくなりました。高齢者にとって，ボタンを何度もすばやく押してゲームをするのは困難です。それは彼女には大 きな挑戦でしたが，決してあきらめませんでした。東北地震の後にボランティアとして活動していた時，一人のゲーム クリエイターと ⑴D出会いました（＝met）。彼の助けもあり，彼女は 81 歳でコンピュータのプログラミングを学び始め ました。彼女は次の年に新しいゲームを作りました。それは高齢者の間で人気になりました。正子は人生を楽しんでお り，どのようにして人を助けることができるか常に考えています。彼女は学び続け，自分自身に挑戦し続けています。 それが彼女に成功をもたらしているのです。

　あなたは今日試験を受けるためにここに来た時，名古屋高校の狭い門をくぐりました。この門の一番上に，聖書の言 葉「狭き門から入れ」を見ることができます。これは目標を達成するためにはベストを尽くそうとすべきであることを 意味しています。狭き門への道のりは必ずしも簡単ではありません。時には，つらい時間を過ごさなければならなりま せん。そのようなときこそ，あなたはよい経験を積むチャンスだと思うべきです。きっとこの経験があなたの人生の財 産となるでしょう。学校生活を楽しみ，自分自身にチャレンジし続けてください。

Ⅳ　(1)①　「（なぜなら英国とフランスの）2 つの国の間には海がある（からです）」…アルファベットのCと sea「海」 の発音が同じであることを利用したなぞなぞ。　　②　「eight『8』は ate『食べた』と同じ発音です」…直前の Because 7 8（＝ate）9！「7 が 9 を食べたからです」より，9 と同じ形の 6 は 7 に食べられることを恐れているとい うことである。・the same ～ as ○○「○○と同じ～」

　(2)③　「（しばらくして）雨がやんだ（ので）」…天候を表す文の主語は it を使うことができる。・stop raining「雨が やむ」　　④　「虹は何色ありますか？）」…〈how many colors the rainbow has〉間接疑問文では疑問詞，主語， 動詞の（肯定文の）語順になる。

=《解答例》=

I　A．(1)blackboard　(2)Canada　(3)earthquake　(4)uniform　(5)dentist　　B．(1)ウ　(2)ア　(3)ウ　(4)ア　(5)エ

II　A．(1)ウ　(2)イ　(3)エ　(4)イ　(5)ア　　B．(1)ア　(2)カ　(3)ウ　(4)キ　(5)エ　(6)ク　(7)オ

III　(1)A．celebrated　B．want　C．belongs　(2)イ　(3)(a)given　(b)perfect　(c)useful　(d)traditional

　　(4)(a)their way of thinking is quite different from　(b)do my best to make my shogi game stronger

IV　(1)enjoy talking to my friends　(2)use your phone〔別解〕look at it　(3)are too small for me to read well

　　(4)see them well／read them better／use it now　などから1つ

=《解　説》=

I　A(1)　これは教室の中の前の方にあります。私たちは新しいことを学ぶのにそれを使います。先生がそれに書き，1日の終わりには，生徒たちがそれをきれいにしなければなりません。＝blackboard「黒板」　at the front of ～「～の前の方に」は in front of ～「～の正面に」と違うことに注意。

　(2)　これは国の名前です。それはアメリカの北にあります。人々は英語またはフランス語を話します。冬はとても寒いです。＝Canada「カナダ」

　(3)　これは日本で多く発生します。それはとても危険です。2011 年にはとても大きなものがありました。それを感じたら，それが止むまで頭を覆い，安全な場所で待機しなければなりません。＝earthquake「地震」

　(4)　これは日本で学校に着て行くものです。アメリカではほとんどの生徒がこれを持っていません。これを着ると，学校に所属している感じがします。＝uniform「制服」

　(5)　この人に会いに行くのは怖い時がありますが，その人は私たちが歯を守る手伝いをしてくれます。1年に1～2度はその人を訪ねて行くべきでしょう。＝dentist「歯医者」

　B　【I B 放送文の要約】参照。(1)　質問「なぜケンは忙しいですか？」　　(2)　質問「今，名古屋高校に通っているのはだれですか？」　　(3)　質問「サッカー部はイングランドで何をしましたか？」　　(4)　質問「ユウタにとって難しかったのはテストのどの部分ですか？」　　(5)　質問「ケンは何をするつもりですか？」

【I B 放送文の要約】

ケン：こんにちは，リクさん。調子はどうですか？

リク：こんにちは，ケン。とてもいいわ，ありがとう！あなたは？

ケン：まあまあです。(1)でも僕は忙しいですね。高校入試に向けて勉強しているんです。

リク：まあ，それは大変ね！私は去年それを済ませたわ。大変だったわ！それで，あなたはどの高校へ行きたいの？

ケン：僕は名古屋高校へ行きたいです。

リク：名古屋高校！すごい！(2)いとこのユウタがそこへ通っているわ。すごい学校だそうよ！

ケン：はい。名古屋高校はいろんなスポーツが本当に強くて，生徒は難しいことを勉強しています。ユウタさんは何部に入っていますか？

リク：サッカー部よ。彼はサッカーが大好きなの！(3)去年，サッカー部は春休みにイングランドへ旅行に行ったわ。彼らは外国のチームと試合をして，マンチェスター・シティの試合も見たの。

ケン：それはすごい！僕はテニス部に入りたいです。

リク：本当？テニス部は本当に強いそうよ。

ケン：はい。この地区では一番強いです。チームのメンバーになれるかどうかわかりませんが，上手な選手たちと一緒に毎日練習したいです。

リク：いいわね，ケン。でも，入試はうまくやれそうなの？⑷いとこのユウタは，去年は英語のリスニングが難しかったと言っていたわ。

ケン：英語と国語は僕にとって簡単ですが，テストまでに数学と理科がもっとできるようになる必要があります。⑸実は，ちょうど今，苦手な教科を勉強するために図書館へ行かなければならないんです！⑸weaker subject＝math and science

リク：わかったわ，ケン。がんばってね。夢が叶うといいわね！

ケン：ありがとうございます，リクさん。さようなら！

Ⅱ　A(1)　質問「バスケットボールの試合とサッカーの試合の両方に出場するにはいくら必要ですか？」…表から読み取る。　　300（バスケットボール）＋250（サッカー）＝550(円)である。

　(2)　【ⅡA　本文の要約】参照。質問「友達と一緒に参加したい場合，何をする必要がありますか？」

　(3)　質問「出場できないのはどの組み合わせですか？」…日程が重なっているエ「ラグビーと野球」が適切。

　(4)　【ⅡA　本文の要約】参照。質問「クラインズ・カップへの参加希望者が多過ぎる場合，何が起きますか？」

　(5)　○については【ⅡA　本文の要約】参照。質問「クラインズ・カップについてどれが正しいですか？」…
　　ア○「（これまでに）2回開催された」　イ「×3年前に開催された」　ウ「2016年に×初めて開催された」　エ×「来年も開催されるだろう」…本文にない内容。

【ⅡA　本文の要約】
クラインズ・カップ

こんにちは！2018年9月13日から15日までクラインズ・カップを開催します。⑸アこのイベントは今回が3回目です。それは2014年にたった50人で始まりました。第2回のクラインズ・カップは2016年に開催されました。その年は100人を超える人々が試合をしました。2018年の第3回大会は最初の2回より規模が大きくなれば幸いです。今年は230人が出場可能です。

4種類の球技を行います。バスケットボール，ラグビー，野球，そしてサッカーです。複数の競技に参加することができますが，その場合は慎重にイベントの日程を確認してください。

（表は省略します。）

私たちのイベントに興味があれば，メールで申込用紙をお送りください。そして，⑵お友達と一緒に参加を希望する場合は，申込用紙に彼らの名前を記入するだけで結構です。

⑷出場者が多過ぎる場合は，申込用紙を早く送ってくれた人が出場可能です。ですから，できるだけ早く申込用紙をお送りください。質問があれば，kleinscup2018@abc.com にメールを送るか，716-940-000 に電話してください。

一緒に様々なスポーツを楽しみましょう！

　B　説明の要約「最初に，エアポート線に乗ってチェルシーで降りて。それから，⑴ア電車を乗り換えてハイ・ストリートへ行って。そこからは，⑵カ選択肢が2つあるよ。南線に乗って⑶ウ4つ目の駅で降りることができる。そこに着いたら⑷キアリーナまで20分歩かなければならない。もしくは，ハイ・ストリートから西線を選ぶこともできるよ。⑸エ5駅進めば，レッド・レイクに着く。⑹ウ駅の外にバス停が見える。そこからアリーナへはバスで約5分だよ。1つ目の選択肢は2つ目の選択肢より費用が安いけど，⑺オそっちの方がアリーナに着くまで多少長く時間がかかるよ」

Ⅲ　(1)A　【Ⅲ　本文の要約】参照。・celebrate ～「～を祝う」　　　B　【Ⅲ　本文の要約】参照。・want＋人＋to ～「（人）に～してほしいと思う」　　　C　・belong to ～「～に属している」

(2) 【Ⅲ 本文の要約】参照。

(3) 【Ⅲ 本文の要約】参照。 (a) 能動態→受動態の書きかえ。受動態は〈be 動詞＋過去分詞〉で表すから，give を過去分詞にする。 (b) I don't know what Fujii's weak points are. を「将棋の実力はほぼ完璧だ」に言い換えている。 (c) Some of them are thinking about how to use computers to play better games. を「コンピュータは人間の棋士にとって役に立つ」に言い換えている。 (d) He doesn't only follow the traditional way. を「藤井氏の将棋の指し方は伝統的ではない」に言い換えている。

(4)(a) ・way of thinking「考え方」・be different from ～「～とは違う」 quite（程度を表す副詞）は修飾する語（ここでは different）の直前に置く。 (b) ・do one's best「最善を尽くす」・make＋もの＋状態「（もの）を（状態）にする」

【Ⅲ 本文の要約】

2017 年 6 月 26 日，日本で最年少のプロ棋士がトーナメントで対局に勝利しました。その時，彼は 29 連勝という新記録を打ち立てました。当時 14 歳だった，藤井聡太氏は静かにこう言いました。「29 連勝というのは想像もできなかったことなので，喜びとともに非常に驚いてもいます」

多くの人々が藤井氏の勝利を A祝福しました。安倍晋三総理大臣もその 1 人でした。(3)(a)彼は「日本人に夢や希望を与えてくれる勝利だと思います」と言いました。今，藤井氏はとても有名になりました。多くの子どもたちが藤井氏のようになりたいと思い，将棋教室に通い始めています。多くの親が子どもたちに彼のようになって B もらいたいと思い，彼が幼い頃に使っていた玩具を買い与えています。

羽生善治氏は最も偉大なプロ棋士の 1 人です。彼もまた，藤井氏に敗れました。(3)(b)彼は「藤井四段の弱点がわかりません。彼は幼いころからずっととても熱心に練習し，また，彼は実力を高めるためにコンピュータのソフトも効果的に使っています」と言っています。

コンピュータは今や棋界（きかい）を変えつつあります。人工知能の将棋プログラムは近年とても強くなっているので，人間がプログラムに勝つのはとても難しいのです。熟年のプロ棋士でさえ，コンピュータの力を理解し始めています。(3)(c)中にはより良い対局をするためにコンピュータをどのように使えばいいかを考えるプロ棋士もいます。しかし，まだ多くの棋士がこの考えに賛同しません。彼らは伝統的な将棋の文化が人工知能によって破壊されるかもしれないと考えているのです。プロ棋士になりたければ，ふつうは教えてくれる熟年のプロ棋士を見つけます。これが，棋士の従来の学び方であり，今でもそれが一番いいと考える人は多いです。しかし，今は強いコンピュータを使ってたくさん練習することができるため，常に人間の師匠と一緒にいる必要はありません。

藤井聡太氏はプロ棋士の新しい世代に C属しています。彼の対局は人工知能の将棋に影響されています。(3)(d)彼は昔ながらのやり方に従うだけではありません。彼は的確に他の棋士の弱点を見つけ，すぐにそこを攻めます。藤井氏はコンピュータから学んだことはたくさんあると言います。「それには人間が思いつかないようなアイデアがあります」彼はこうも言います。「現在のコンピュータがどのくらい強いかを考えれば，将来，人間はコンピュータに勝てなくなるでしょう」

しかし，コンピュータが人間より強いなら，一番強い人間のプロ棋士は自身を誇れるのでしょうか？藤井氏の答えは単純です。「コンピュータは本当に強いので，より良い棋士になりたいのであれば，人工知能を使って難しくて興味深い対局で練習しなければなりません」

Ⅳ (1) ・enjoy ~ing「～して楽しむ」・talk to ～「～と話す」

(2) 直後に祖母が Here you are.「はい，どうぞ」と言ったから，「それ（＝祖母のスマートフォン）を使ってもいい？」や「それを見てもいい？」とすればよい。「～してもいい？」＝Can I ～，「～を見る」＝see ～／look at ～

(3)　・too…for＋人＋to ～「(人)にとって…すぎるので～できない」　時制が現在で，主語が the words in the phone だから，be 動詞は are を使う。

(4)　文字が小さすぎてよく読めないと言う祖母のために，フレッドが祖母のスマートフォンを操作して文字を大きくした場面。したがって「それら(＝スマートフォンの文字)がよく見える」などとすればよい。

═══════════════════ 《解答例》 ═══════════════════

Ⅰ　A．⑴river　⑵library　⑶vacation　　B．⑴イ　⑵ウ　⑶エ　⑷ウ　　C．⑴イ　⑵ウ　⑶ア

Ⅱ　⑴ウ　　⑵イ　　⑶エ　　⑷ア　　⑸ア．Main Entrance　イ．Cafeteria　ウ．30

Ⅲ　⑴ア　　⑵①getting　②losing　③comes　　⑶ア

　　⑷アメリカのある場所では，12～13才の子供が本を手に入れるよりも銃を買うことの方が簡単であるという現実。

　　⑸this is something we have to take care of　　⑹新しい規則を作ること

Ⅳ　⑴the most (points) of　　⑵will read one hundred and sixty pages

　　⑶will <u>rise</u>　（下線部は <u>go up</u>／<u>increase</u>／<u>get higher</u>／<u>become higher</u> でも可）

Ⅴ　see the moon from here, but <u>cannot</u> see Australia　（下線部は <u>can't</u> でも可）

═══════════════════ 《解　説》 ═══════════════════

Ⅰ　A⑴　大量の水を運ぶものです。それは山の頂上付近で始まり，海に流れ込みます＝river「川」

　　⑵　静かにしなければならない場所です。ここから物を借りることができますが，何も買うことはできません＝library「図書館」

　　⑶　リラックスするのにすばらしい機会となるものです。日本の海や山に行くことができますし，外国を訪れることさえできます。学校や仕事に行く必要はありません＝vacation「休暇」

　　B　【ⅠB放送文の要約】参照。⑴　質問「生徒たちは今どこにいますか？」　　⑵　質問「生徒たちは何時にバスに乗っていればいいですか？」　　⑶　質問「生徒たちはどのくらいの間，地震博物館にいるでしょうか？」

　　⑷　質問「生徒たちはボートに乗る前に何ができますか？」

【ⅠB放送文の要約】

みんな，いいですか。よく聞いてください。みんな，いい朝を迎えたことと思います。班で古い町を散策して楽しかったですか？みんなが無事で，だれも遅刻していなくて，私はうれしいです。

ご存知のように，今日の午後は，地震博物館に行きます。学校に戻ったら１年生に発表を行うので，なるべく多くのことを学んでください。

⑵今は12時30分です。心配しないでください。⑴この公園でお昼を食べ終えるのにまだ時間があります。しかし，⑵バスはあと30分でむこうの駐車場から出発します。５分前にはバスに乗っているようにしてください。バスは地震博物館へ行くのに20分かかります。⑶地震博物館の中には１時30分から３時30分までいます。

地震博物館へ行った後は，電車でショッピングセンターに行きます。⑷午後６時にボートに乗るまで少しの間買い物ができるでしょう。今夜のボートは楽しいと思います。夜の町はきれいだし，中華料理はおいしいですよ！

では，バスに遅れないように。

　　C　【ⅠC放送文の要約】参照。

【ⅠC放送文の要約】

⑴　Ａ：あなたはリオ・オリンピックの男子100ｍ走を見ましたか？

　　Ｂ：はい，見ました！ウサイン・ボルトはとても速かったですね！彼は金メダルを獲りました。

　　Ａ：日本のラグビーチームを見ましたか？

　　Ｂ：いいえ。彼らはメダルを獲りましたか？

A：(イ)いいえ，しかし，とても惜しかったです！

(2) A：すみません，テニスのラケットを探しているのですが。

B：わかりました。この店にはたくさんのラケットがあります。

A：100ドルくらいのものはありますか？

B：いいえ。申し訳ありませんが，その値段のものはありません。このラケットは200ドルです。

A：(ウ)それは高すぎます。

(3) A：休日にロンドンへ行ってきました。

B：本当ですか！天気はどうでしたか？

A：それほど良くありませんでしたが，とても楽しい旅でした。

B：写真は撮りましたか？

A：(ア)はい。私は(携帯)電話を使いました。

Ⅱ (1) 質問「ハートビル・パーク・フェスは何日間続きますか？」…【ⅡA本文の要約】参照。

(2) 質問「ボランティアの人がもらう特別なカードに関して，どれが正しいですか？」…〇は【ⅡA本文の要約】参照。ア×「ボランティアの人はみな，そのカードを買わなければならない」 イ〇「ボランティアの人はフェス中の1日の間，お金を払うことなく飲み物の機械を使うことができる」 ウ「ボランティアの人がそのカードを使うと，×食べ物をもらえる」 エ「ボランティアの人は×8月29日にそれをもらえる」

(3) 質問「フェスで働くボランティアの人に関して，どれが正しくないですか？」…〇は【ⅡA本文の要約】参照。ア〇「ボランティアの人は2日目に働かない」 イ〇「駐車場で働くボランティアは18歳以上でなければならない」ウ〇「メイン入口で働くボランティアは入場者にマークを付ける」 エ「ボランティアの人はフェスの事務所に×電話すれば参加することができる」

(4) 質問「ジャックが最後に"Let me in!"と言った時，どういうことを言いたかったでしょうか？」…ジャックは，最初の発言でボランティアに興味がないことを伝えているが，最後の発言で，I changed my mind.と言っていることから，ボランティアに参加する(＝ケイトとヒロコと一緒に参加する)意志があることを伝えている。したがってアが適当。

(5) 質問「ケイトは参加を決めた後に何と書きますか？ア，イ，ウに言葉または数字を書きなさい」

【ⅡA本文の要約】
ボランティア募集

ハートビル・パーク・フェスのボランティアを募集しています。(1)フェスはハートビル・シティで8月28日から30日まで行われます。

(3)アボランティアの仕事は1日目の午前3時間，または最終日の夕方3時間です。

時間：8月28日午前7時~10時／8月30日午後5時~8時

(2)イボランティアの方には「ボランティアカード」を渡します。この特別なカードを公園の飲み物の機械にかざすと，飲み物が無料で出てきます。このカードはフェスの2日目にしか使えません。フェスの1週間前に，みなさんの自宅に送ります。

日付	働く場所	仕事内容
28日	駐車場	車と自転車の出入りの誘導。(3)ィここでのボランティアは18歳以上に限る。
28日	メイン入口	入場者からチケットを回収し，(3)ゥ入場者の手の甲に日付を書く。
28日	食堂	仕事を終えたボランティアの人々のために食事や飲み物を作る。
28日	清掃事務所	フェス会場内の清掃
30日	駐車場	(28日と同様)
30日	メイン入口	回収したチケットの総数を点検し，事務所に報告する。
30日	食堂	(28日と同様)
30日	清掃事務所	プラスチックは青い袋に，生ごみと紙類は赤い袋に入れる。

この仕事に興味があり，楽しんで仕事をしたいと思う方は，ウェブサイト(www.heartvilleparkfes.com)にお越しください。個人情報を入力し，働きたい場所2つを選択してください。質問がある場合は，事務所（678-543-xxx）に電話してください。フェスで会いましょう！

【ⅡB本文の要約】　発信時刻は省略します。

ケイト　：ジャック，フェスのボランティアがおもしろそうよ。私と一緒にやらない？

ジャック：やあ，ケイト。その週末はビーチに行く予定だったと思うけど。

ヒロコ　：私はそのウェブサイトに行って参加することにしたわ。あなたはどこで働きたいの，ケイト？

ケイト　：(5)ァメイン入口ね。(5)ィ駐車場で働きたいけれど，私は年齢が低すぎてできないわ。あなたはどう，ヒロコ？

ヒロコ　：昨日受信したメールによると，(5)ィ私は最終日に清掃事務所で働くわ。私は活動日を変更したくてたった今事務所に電話したのだけれど，(5)ゥ1日目はどの仕事も満員ですって。(5)ゥ消去法で30日が適当。

ケイト　：うーん，私の(5)ィ第2希望はあなたのとは違うわ。フェスの後，私たちの経験をシェアしましょう。
　　　　　(5)ィ消去法で cafeteria が適当。

ヒロコ　：いいアイデアね。

ジャック：ねえ，ちょっと待ってよ！気が変わった。僕も入れてよ！

Ⅲ　(1)　(a)は関係代名詞。that 以下が先行詞 story を修飾している。(b)(c)(e)は「～という」という意味の接続詞。(d)は「その」という意味の指示形容詞。that number「その数」は「銃のせいで亡くなる人々の数」を指す。

(2)①　〈～ing＋語句〉で後ろから名詞(ここでは person)を修飾する文。・get＋過去分詞「～される」　　②　直前に of があるから，ing 形にする。　　③　somebody I don't know ③(come) up to my house という構造。somebody は三人称単数で時制が現在だから，語尾にsを付ける。
（主語　somebody を修飾　動詞）

(3)　「銃に関する規則を守っている人もたくさんいます。ですから私は bear arms する権利は理解しています」という意味だから，アが適当。・bear ～「～を持つ」・arms「武器」

(4)　直後の文を日本語にする。this country は America を指す。・it is…for＋人＋to ～「(人)にとって～するのは…だ」・比較級＋than＋○○「○○より～だ」

(5)　〈(関係代名詞)＋主語＋動詞〉で後ろから名詞(ここでは something)を修飾する文。・have to ～「～しなければならない」・take care of ～「～に対処する」
（省略された）

(6)　車の脅威から人を守るために，シートベルト着用という新しい規則を作った。それと「同じ」と言っているから，「新しい規則を作ること」が適当。

【Ⅲ 本文の要約】

　私が銃の問題をどのように見ているかという話をします。2007 年と 2008 年，私は選挙運動をしていた時，シカゴに住んでいました。私はその都市が大好きですが，毎週銃で撃たれる若者がいます。撃たれた人の中にはギャングもいるし，罪のない犠牲者もいます。時にそれは私の自宅付近で起こっています。私の近隣の人たちはみな良い人たちですが，中には銃のせいで家族を失った悲しみを抱える人もいます。

　妻と私はアイオワで選挙運動をしていて，多くの農場に行きました。ある日，妻が私の方を見て言ったのです。「もし私が保安官事務所から遠く離れた農場に住んでいて，知らない人が家にやってくるのであれば，私は銃を持っていたいと思うわ。絶対に家族の安全を確保したいの」　私は彼女が正しかったと思います。

　銃の問題はとても難しいものです。なぜなら，人々はさまざまな場所に住んでいるからです。銃に関する規則を守っている人もたくさんいます。ですから私は武器（＝銃）を所持する権利は理解しています。私は，自分自身を守るために銃を求める人には，だめだとは言えません。しかし，危険な現実があるのです。この国のある場所では，12，3 歳の子どもが，本を手に入れるよりも銃を買うことの方が簡単なのです。これは対処しなければいけないことだと，私は強く思っています。

　私たちはみな，他人を殺そうとする人の手に銃を渡さないように，できることは何でもやるべきだと思っています。毎年 30000 人が銃で命を落としています。何百人もの子どもたちが亡くなっています。銃について何かをしなければいけないと思いませんか？もしその数を 30000 から 28000 にしたら，2000 の家族が，ニュータウン，サン・バーナディーノ，チャールストンの家族と同じ問題を抱えなくて済むことになります。

　私はすべての人の銃を取り上げるべきだとは思っていません。私はただ，私たちの命から危険をできるだけ遠ざけたいと思っているだけなのです。私が生まれてから，交通事故による犠牲者の数は減っています。私たちはシートベルトが車に乗っている人を守るためにとても有効だということを学びました。ですから，私たちはシートベルト着用という新しい規則を作ったのです。私たちは銃に対しても同じことができます。今こそすべてのアメリカ人にとって，生活をよりよく，より安全にする時なのです。

Ⅳ　(1)　「星組はクマ組より取った点数が少なかったが，王組よりは多かった。クマ組は 3 つの中で（　　）を取った」の（　　）に入るものだから「最も多くの点数」とすればよい。few の対義語は many だから，「最も多くの点数を取った」は got the most points と表現する。〈the＋最上級〉の後で「～の中で」を表す表現は〈of the＋数字〉，〈of＋名詞の複数形〉，〈in＋集団を表す名詞の単数形〉である。

　　(2)　「ポールは日曜日に 5 ページ，月曜日に 10 ページ，火曜日に 20 ページ読んだ。このように読み続ければ，ポールは金曜日に（　　）」の（　　）に入るものを答える。1 日たつごとに読んだページ数が 2 倍なっているから，このペースで読み進めると，金曜日には $\overset{\text{日曜日}}{5} \times \overset{\text{月曜日}}{2} \times \overset{\text{火曜日}}{2} \times \overset{\text{水曜日}}{2} \times \overset{\text{木曜日}}{2} \times \overset{\text{金曜日}}{2} = 160$(ページ)読むことになる。

　　(3)　「米は寒い気候ではあまり育たない。この夏はとても寒い。米の値段は（　　）と考えることができる」の（　　）に入るものだから，「上がるだろう」とすればよい。

Ⅴ　先生「ジョン，オーストラリアと月ではどちらが私たちに近いかな？」→ジョン「月です」→先生「それは違うよ，ジョン。どうしてそんなことを言うんだ？」→ジョン「なぜなら，（　　）からです」の（　　）に入るものだから，「ここから月を見ることができますが，オーストラリアを見ることはできない」とすればよい。

═══════════════════ **《解答例》** ═══════════════════

Ⅰ　A.　(1)(d)　(2)(b)　(3)(c)　(4)(c)　　B.　(1)(a)　(2)(c)　(3)(d)　(4)(d)

Ⅱ　(1)(a)　　　(2)(b)　　　(3)(d)　　　(4)(d)　　　(5)(a)　　　(6)(d)　　　(7)(a)　　　(8)(b)

Ⅲ　(1)初期の携帯電話を用いると誰かが別の電話であなたの会話を聞くことがとても簡単だった。

　　(2)②things that people carry with them　③find ways to make them shorter　　(3)(c)

　　(4)前…and　不要語…was　後…decided　　(5)(b)，(g)

Ⅳ　(1)I forgot to buy some onions.　　(2)I have never cooked it.　　(3)don't call it curry.

　　(4)that I cook is the most delicious

═══════════════════ **《解　説》** ═══════════════════

Ⅰ　A(1)　最後の発言が「これを試着してはどうですか？」だから，(d)「ありがとう，そうします」が適切。

　　(2)　AはBをコンサートに誘ったが，Bは「いいえ，それは値段が高すぎる」と言ったから，(b)「でもこれは無料だよ。君の分のチケットを持っているんだ」が適切。　　(3)　最後の発言で，BはAに岡崎行きの電車がいつ来るかを教えたから，(c)「わかりました。その電車に乗ります」が適切。(b)の this train は犬山行きの電車を指すから×。　　(4)　電話での会話。Aが話したい相手はホワイト先生であること，ホワイト先生はすでに帰宅していること，Aはどうしてもホワイト先生と話したいこと，を聞き取る。(c)「彼の家の電話番号を知っていますか？」が適切。

　　B　【ⅠB放送文の要約】参照。(1)　質問「男性が話しているのは何曜日ですか？」　　(2)　質問「先生は何班作りましたか？」…野球部の班，美術部の班，他２班だから，(c)が適切。　　(3)　質問「生徒達は木曜日の放課後，どのくらい練習ができますか？」　　(4)　質問「彼らは金曜日に何をしますか？」

【ⅠB放送文の要約】

みなさん，よく聞いてください。(1)今日はもう 18 日です。学祭は 21 日土曜日から始まりますので，今日と明日と金曜日しかありません。ベストを尽くしましょう！私達のダンスパフォーマンスはまだ完ぺきではありません。私達はすることがたくさんあります。では始めましょう。

　今日，私達はクラスのデザインを終わらせます。(2)机と椅子を体育館に移動させなければなりません。野球部の男子が，これをやってください。次に，黒板によいデザインが必要です。美術部の生徒がこの仕事をしてください。他の生徒はみな，あと２班に別れてください。１つの班は教室の中を掃除し，もう１つの班は教室の外を掃除してください。わかりましたか？今日は練習する時間がありません。

　木曜日に，ダンスの練習をしましょう。学校は４時に終わりますので，(3)4 時 30 分から始められます。私達は 7 時までに終わらせなければなりませんので，明日はそれほど時間がありません。

　金曜日は授業がありません。１日中準備にあてられます。(4)午前中は１回練習を行い，ステージを準備し，昼食を食べます。(4)午後は，練習する時間がたくさんとれます。学祭で一等賞を取りましょう！するべきことはたくさんあります，始めましょう！

Ⅱ　(1)　【Ⅱ本文の要約】参照。　質問「ピーターはどの看板を見ていますか？」

　　(2)　【Ⅱ本文の要約】参照。　質問「どちらが早く，駅に来ましたか？」

　　(3)　【Ⅱ本文の要約】参照。　質問「彼らは何時に電話していますか？」

(4) 質問「銀行は地図上ではどこですか？」…ピーターの4回目の発言から読み取る。地図参照。

(5) 質問「コーヒー屋は地図上ではどこですか？」…ヒロシの最後の発言から読み取る。地図参照。

(6) 質問「ヒロシがレストランに着いた時，ピーターはどこにいましたか？」…ピーターの4回目の発言から読み取る。地図参照。

(7) 【Ⅱ本文の要約】参照。質問「ヒロシとピーターはこれから何をしますか？」

(8) 【Ⅱ本文の要約】参照。ヒロシの発言より，Fは交番，Hはパン屋である。正面に教会があり，右手前にに交番，奥にパン屋がある(b)が適切。

【Ⅱ本文の要約】

ヒロシ　：もしもし，ピーター，僕だよ。ちょうどレストランに着いたよ。どこにいるの？駅から歩いて5分のところだよ。途中で見かけなかったよ。(3)もう8時だよ！(7)お腹すいたよ。

ピーター：もしもし，(2)僕は君を1時間も探しているんだよ。ここがどこか全然わからないよ。ええと。大きな看板があるよ。

ヒロシ　：大きな看板？何のことを話しているの？

ピーター：郵便局の近くにある大きな看板だよ。(1)それには2人の男性と1人の女性の写真があるよ。

ヒロシ　：他には？君がどこにいるかまだわからないよ。

ピーター：外は暗いよ。もう一度看板を見させて。看板の中の人は屋外にいると思うんだ。ちょっと待って。ああ，(1)彼らは屋外の，海のそばにいるよ。

ヒロシ　：それでもわからないな。他には近くに何がある？

ピーター：実際に，どうやってここまで来たか説明させて。駅から見えた信号まで歩いて，公園通りで右に曲がったんだ。その後，次の交差点を右に曲がって，その後，南通りを左に曲がったよ。僕は銀行の前にいたから，道を間違えたと気づいたんだ。

ヒロシ　：わあ，君はレストランからそんなに遠くにいるんだね。

ピーター：わかっているよ！またレストランを見つけようとしたよ。次の通りを左に曲がり，信号まで北に歩いた。そして僕は今ここにいるんだ。郵便局のそばの大きな看板の近くだよ。

ヒロシ　：君がどこにいるかわかったぞ。僕はその郵便局の向かいのコーヒー屋で働いていたよ。そこからなら簡単さ。キング通りを西に歩いて，ハイ通りを左に曲がる。ハイ通りを最初の信号，つまり，(8)交番を過ぎてすぐ左にパン屋があるところまで南へ行って。それから，右に曲がって1ブロック歩く。最初の交差点を左に曲がった後，左側にレストランがあるよ。

ピーター：わかった。じゃあその時に。後でね。

Ⅲ　(1)　この with ～は文頭にあるから，「～を使えば」という意味になる。it is…for＋人＋to ～「(人)にとって～することは…だ」の文だが，人が someone with another phone，to ～が to listen to your conversations である。

(2)② 〈関係代名詞＋主語＋動詞〉が後ろから名詞を修飾する文。・carry ～ with＋人「(人)が～を持ち歩く」

③　・ways to ～「～する方法」・make＋もの＋状態「(もの)を(状態)にする」

(3)　固定電話と携帯電話の違いを述べた文。固定電話では，話したい相手が家にいる時しか話すことができない。

(4)　decide to ～は「～することを決める」という意味。主語が人を表すのに受動態にするのは不自然だから，was を取り除き，能動態の文にする。

(5) ○は【Ⅲ本文の要約】参照。(a)「最初の携帯電話は 1973 年にニューヨークで×売られた」 (b)○「1985年の携帯電話では，30 分も話すことができなかった」 (c)「1990 年代初頭，人々は携帯電話を×仕事のためだけに使っていた」 (d)「2004 年には，世界で×約 10 億通の文字のメッセージが送られた」 (e)×「2004 年には，世界中の人が 1 人当たり 100 通の文字のメッセージを送った」 (f)「今日の携帯電話は 1980 年代のそれより×値段が高い」 (g)○「ジラット氏は警察に発見されるまで 5 日間，ジャングルで道に迷っていた」 (h)×「運転中に電話をかけることは簡単だ」 (i)×「今日，携帯電話の使用を止められない人が多い」

【Ⅲ本文の要約】

　最初の携帯電話での通話は 1973 年に行われたが，それは店で携帯電話を買うことができるようになる 10 年前のことだった。1985 年，イギリスでそれを 2,000 ポンドで買うことができた。それはノートパソコンと同じくらいの大きさで，⑸(b)20 分しか会話ができない程度の電力しかなかった。また，初期の携帯電話を用いると，だれかが別の電話であなたの会話を聞くことがとても簡単だった。しかし，それでも働いている金持ちの若者たちの間で人気となった。

　1990 年代初頭，携帯電話は突然すごく人気が出始めた。人々が仕事のためだけでなく家族や友人と話すために使い始めたために，この変化が起きた。電話に関する考え方が変わり始めた。昔，電話番号は場所，家やレストラン，会社に属するものだった。今では電話は人が持ち歩くものであり，それは場所ではなく人に属するものである。今日では，世界のユーザーの数は目まぐるしく変わっているので，それについて話すことは難しい。2004 年，ユーザーの数は 10 億人を超え，そのたった 2 年後の 2006 年に 20 億人を超えた。

　1990 年代後半，人々は文字のメッセージを送るために携帯電話を使い始めた。2000 年には，世界で 170 億ものメッセージが送られ，2001 年には 2500 億，2004 年には 5000 億ものメッセージが送られた。これは世界中の人が 1 人当たり 100 通のメッセージを送ったことになる！文字のメッセージは独自の言語を使っている。長い文字のメッセージは送るにも読むにも容易ではないので，人々はそれを短くする方法を見つけている。例えば，英語のメッセージは，RUOK?(Are you OK?)や B4(before)と書くことができる。このようにして，少ない文字や数字だけでメッセージを送ることができる。例えば，CU L8R 4 T(See you later for tea)などだ。

　携帯電話は世界中で人々の生活を変えている。昔は友達が家にいる時しか電話ができなかったが，今では話すときにどこにいてもよい。多くの人々が今，携帯電話を自分の生活を良くするために使っている。

　時に携帯電話は命を救う。2005 年，ジョン・ジラットというイギリスの科学者がマレーシアのホテルに泊まり，ジャングルへ散歩に行くことにしたが，⑸(g)そこで彼は道に迷ってしまった。2 日間，彼はホテルに戻ろうとしたが，ジャングルから出ることができなかった。最終的に，彼はイギリスにいる妻に電話をした。彼女はホテルに連絡を取り，ホテルの人々は警察に電話した。⑸(g)彼らはジラット氏を探し始めたが，彼を見つけるにはもう 3 日かかった。その間，彼は電話で警察と家族に連絡を取り続けた。警察が彼を見つけた時，彼は疲れ，空腹で，のどが渇いていたが生きていた。彼はイギリスにいる家族からの愛のメッセージが彼を生かしてくれたと信じている。

　しかし，携帯電話は問題も引き起こす。健康に悪いと心配する人々もいて，彼らは携帯電話を使う幼い子どもがますます増えていることを快く思わない。また，運転中に使う人がいるので，携帯電話が道路をさらに危険にしている。

　携帯電話による問題は多いが，ユーザーの数は増え続けるだろう。おそらく近い将来，40 億人になるだろう。人々の携帯電話の使い方は，テレビや動画を見たり，文字のメッセージを送ったり，インターネットで買い物をしたりと，さらに多様化している。携帯電話を止めるものは何もないように思える。

Ⅳ　省略されている部分がある問題は，文脈から省略されている部分を判断する必要がある。

　(1)　主語が省略されている。「私はタマネギを買い忘れた」という文を作る。「～し忘れる」＝forget to ～

　(2)　何をしたことがないかが省略されている。「私は料理をしたことがない」という文を作る。「～したことがない」は現在完了 “経験” の否定文〈have never＋過去分詞〉で表す。

⑶　People in India を主語にするから,「インド人はそれをカレーと呼ばない」という文にする。「A を B と呼ぶ」＝call A B

⑷　「私が作ったカレー」は〈関係代名詞＋主語＋動詞〉で後ろから名詞(ここでは curry)を修飾して表す。「世界一おいしい」は delicious を最上級にして表す。delicious のように 3 音節以上の形容詞・副詞の最上級は〈the most＋原級〉の形。関係代名詞を省略したり,「世界一おいしい」を best で表現したりすると,「12 語で書く」という条件を満たさなくなる。

━━━━━━━━━━━━━━━ 《解答例》 ━━━━━━━━━━━━━━━

Ⅰ A．(1)(c)　　(2)(b)　　(3)(c)　　(4)(c)

　　B．(1)(b)　　(2)(d)　　(3)(c)　　(4)(b)

Ⅱ (1)(a)　　(2)(c)　　(3)(b)　　(4)(a)　　(5)(d)　　(6)(c)　　(7)(a)　　(8)(c)

Ⅲ (1)it is more important for scientists to talk with others who work

(2)iＰＳ細胞の技術を使ってブタの体内でヒトの臓器をつくることが良いのか悪いのかという問いに対しての答えは科学者だけで出すべきではない。　　(3)change　　(4)(b)，(e)

Ⅳ (1)I have lived in Nagoya for four years.　　(2)don't you come to my house to watch

(3)bring some sweets (which) I bought in Kyoto last week.　　(4)be glad to hear that you will come.

━━━━━━━━━━━━━━━ 《解　説》 ━━━━━━━━━━━━━━━

Ⅰ A 【A放送文の要約】参照。　　(1)　質問「インフォメーション係には誰がいますか？」

(2)　質問「今日，広島行きの列車は何時に発車しますか？」

(3)　質問「飛行機に乗る必要のある人がいます。バスはどのくらいの頻度でそこへ行きますか？」

(4)　質問「これらの内，どれが本当ではありませんか？」…○は【A放送文の要約】参照。

(a)○「高山行きの列車は約2時間30分かかる」　　(b)○「黄色い線の内側で待つべきである」

(c)「今日，カフェは×営業していない」　　(d)○「店は夏に開業する」

【A放送文の要約】

　お客様，(1)こちらはインフォメーション係でございます。ここに女の子がいます。短くて茶色の髪をしていて，赤い服を着ていて，黒い靴を履いています。身長は約100㎝です。彼女をご存知の方はインフォメーション係にお越しください。

(4)(a)2番線に参ります列車は午後3時発高山行きです。この列車は時間通りです。高山には5時28分着の予定です。

(4)(b)黄色い線の内側までお下がりください。

　現在7番線にいる列車は，本日広島行きの最終列車です。3時15分発の予定でしたが，30分遅れる予定です。申し訳ございません。

　お客様，常にカバンは手元に置いておくよう，お願いいたします。2階のカフェと6階のレストランは営業中です。3階から5階の店は現在営業しておりませんが，7月に開業します。

　東海市近くでの雨と強風のため，中部国際空港行きの列車は運休しています。バスが12分ごとに出ておりますので，そちらをご利用ください。

傘をお忘れないよう，お願いいたします。

　B(1)　最後にAが Would you like some more?「もう少しいかがですか？」と言ったから，(b)「お願いします。美味しいですね」が適当。

(2)　最後にAが Thank you very much.「どうもありがとうございます」と言ったから，(d)「どういたしまして」が適当。

(3)　最初のAの質問「今度の土曜日はひまですか？」に対しBは Yes, I am.「はい，そうです」と答えたから，最後のAの質問「祖父が相撲のチケットを何枚か持っています。来られますか？」に対しては(c)「はい，

どこで会いましょうか?」が適当。

(4) 最後のAの質問，What time did it start?「それ(この祭り)は何時に始まりましたか?」は祭りが始まった時期ではなく始まった時間を尋ねるものだから，(b)「お昼の直前です」が適当。

Ⅱ (1) 質問「どの地図が名古屋高校を表していますか?」…ポスターの School Cafeteria より，(a)が適当。
・between A and B「A と B の間に」

(2) 質問「音楽のコースを選んだ生徒はどこに集合しますか?」…ポスターの 3．Music より，(c)が適当。

(3) 質問「何人の交換留学生が名古屋城を訪れますか?」…ポスターの Special Course より，(b)が適当。

(4) 【本文の要約】参照。質問「アキラは去年の祭りで何をしましたか?」

(5) 【本文の要約】参照。質問「誰が昨年国際的な祭りに行きましたか?」

(6) 【本文の要約】参照。質問「テッドはどのくらいの間，アキラの家に滞在していますか?」

(7) 【本文の要約】参照。質問「なぜジムは料理コースに興味がありますか?」

(8) 質問「これらの内どれが本当ですか?」…○は【本文の要約】参照。　(a)「ジムとアキラは去年×伝統的な遊びをプレーした」　(b)「ジョージは×次の夏にイングランドに帰る×だろう」　(c)○「アキラは5年以上楽器を演奏している」　(d)×「近年，家で料理をする妻が増えている」…本文にない内容。

【本文の要約】

アキラ　：やあ，ジム。国際的な祭りについてのポスターを見た?

ジム　　：うん，僕はそれについて考えていたよ。僕はそれにとても興味があるんだ。⑸去年，僕はその祭りに行ったよ。とても楽しかった。13 以上の国から来た大勢の生徒達がいたよ。⑸僕はその中の一人，ジョージと話をしたよ。彼は去年，僕達の学校に来たんだ。

アキラ　：君が去年の祭りに行ったとは知らなかった。⑸実は僕もその祭りでジョージに会ったんだ。彼はこの前の夏にイングランドに帰ったね。彼は帰る前に僕に，午後のお茶やクリケットなどのイングランド文化について教えてくれたんだ。だから，僕達は2人とも今年もまたその祭りに行くつもりなんだ。きっと楽しいはずさ!

ジム　　：祭りの前にコースを選ばないといけないね。選ぶコースは3つあるよ。どれに興味がある，アキラ?

アキラ　：⑷去年，僕は沖縄の伝統的な楽器である三線を演奏したよ。
　　　　　⑻(c)僕は6年前に沖縄から名古屋に引っ越してからずっとそれを演奏しているんだ。今年は違うものに挑戦したいな。

ジム　　：なるほど。僕は1つ目のコースに興味があるよ。⑺僕の姉(妹)は3年前メキシコを訪れ，時々メキシコ料理を作るんだ。僕はそれが大好きだよ。それに以前より妻と一緒に家で料理をする夫が増えているんだ。僕達は料理について少し学ぶべきだと思うよ。

アキラ　：その通りかもしれないね。僕は家で料理をしたことがないんだ。だから今回料理に挑戦するべきだと思うな。スペシャルコースはどうかな?⑹テッドがこの2か月間僕の家に滞在していて，彼はそこへ行ったことがないんだ。それで僕はそこへ行くつもりだよ。彼は日本の城に興味があって，僕は彼と一緒に行くつもりなんだ。君は僕達と一緒に来れる?

ジム　　：ごめん，土曜日は両親の手伝いをしないといけないんだ。だから，午前中は家から出られないんだ。午後ならひまだよ。

アキラ　：問題ないよ。祭りで会おう。あ，君が選んだコースについてメールで送るのを忘れないで。またね，ジム。

ジム　　：じゃあね，アキラ。

Ⅲ (1) 〈it is＋形容詞＋for＋人＋to＋動詞の原形〉の語順に並べかえる。「より重要である」とあるから，形容詞は比較級にする。「様々な分野で働く他者」は〈関係代名詞＋動詞〉で後ろから others を修飾して表す。

(2) the question は前の2文の内容を指す。受動態〈be 動詞＋過去分詞〉があるから，「～される」と訳す。

(3) make a difference は「違いを生む」という意味。第2段落4行目から change を抜き出す。

(4) ○は【本文の要約】参照。(a)「今日，科学者は自分の分野×だけを研究しなければならない」
(b)○「様々な分野の人々と意見を交わし一緒に働けば，世界に革新をもたらすことができる」 (c)「×今日の科学者にとって何かをとても注意深く観察することが重要である」 (d)×「iPS 細胞は山中伸弥によってブタの中から見つかった」…本文にない内容。 (e)○「山中伸弥は，科学者は自分の研究について他者とよく話をすべきだと考えている」 (f)×「他の分野の人々と話したり，話を聞いたりする必要はない」

【本文の要約】

　昔，人々は科学者が自分の分野だけを研究すべきだと考えていた。科学者は通常1人で働いている。彼らは何かをとても注意深く観察し，新しい何かを見つけようとしていたが，近年，物事は変わっている。今日では，科学者が様々な分野で働く他者と話し合うことがより重要である。

　現在，科学者達は，2012年のノーベル賞受賞者である山中伸弥のように違う技術を結合させようと努めている。山中氏は現在，世界に革新をもたらした。彼は人工多能性幹細胞(iPS 細胞)を作った。この技術は世界を変えるかもしれない。彼はどのようにしてそうしたのだろうか？

　小さな研究室であっても，彼は自分を信じて懸命に働いた。彼の研究には何百もの問題があったが，彼は何度も挑戦した。彼が iPS 細胞を作った後，彼を手伝う人はますます多くなった。なぜなら，彼がいつも懸命に働き，周りの人々と話をしようとしていたからだ。彼はこのように言う。「今，もし iPS 細胞の技術を使えば，ブタの体内にヒトの臓器を作ることができます。これは良いのでしょうか，悪いのでしょうか？ この質問への答えは科学者だけで出すべきではありません。科学者がこの技術はすばらしいと思っても，他の人々はそう思わないかもしれません。(4)(e)お互いによいコミュニケーションをとれなければなりません」科学者達はその技術が私達の住む世界にとってどのように役に立つのか教えるべきである。

　また，私達は他の分野で同じことをすべきである。違う分野や文化や国の人々と話し理解するのは簡単ではないが，(4)(b)他の人々と意見を交わすことは新しく特別な何かを作る鍵である。私達は問題を抱えそれから抜け出す方法がないとき，不安になりすぎることが多い。だから周りにいる誰かに尋ね，その問題について話すべきだ。それを解決する鍵やそれについて考える違う方法が見つかるかもしれない。私達は一緒に働き，良いコミュニケーションを通じて世界を大きく変える必要がある。

Ⅳ (1) 「(ずっと)～している」は現在完了"継続"〈have＋過去分詞〉で表す。[条件]に for を用いるとあるから，「4年前から」は for を使って for four years と表す。

(2) 「～したら？」と提案する文は〈Why don't you＋動詞の原形 ～?〉で表す。

(3) 「(私が)京都で買ったお菓子」は〈(関係代名詞)＋主語＋動詞〉で後ろから名詞(ここでは sweets)を修飾して表す。 (4) 「～すると喜ぶ」は〈be glad to＋動詞の原形〉で表す。

―― 《解答例》 ――

Ⅰ A.(1)ウ (2)ウ (3)ア (4)ウ (5)ア　　B.(1)ウ (2)ウ (3)エ (4)エ

Ⅱ A.(1)ウ (2)ウ (3)イ (4)イ (5)エ　　B. July

Ⅲ (1)A.カ　B.ク　C.イ

(2)①first Olympic champion was a cook called　②All the games made them very excited

(3)もし運動選手が何か違反をしたら，その選手は試合から追放された。　　(4)ア

(5)1つ目…一方が降参するか，立ち上がれなくなるまで試合が続いた。　　2つ目…(成年男子と少年という)2
つの階級しかなかった。　　(6)⑤through　⑦one　　(7)エ

Ⅳ (1)not as popular as computers.　　(2)sometimes enjoy watching movies with my friends

(3)a computer (which) my father bought for me last year.　　(4)important (for us) to use old computers

―― 《解　説》 ――

Ⅰ　A(1)　放送原稿の第2段落，Our table tennis team will travel to Tokyo for some games this weekend.と一致
する ウ が適当。「東京へ行く」＝名古屋にいない

(2)　放送原稿の第3段落，All the members went to the Inter High tournament in Fukuoka by train.と一致
する ウ が適当。「福岡」＝九州

(3)　放送原稿の第4段落，two new teachers will join our school at the start of the next school year.と一致す
る ア が適当。「新年度」＝4月

(4)　放送原稿の第4段落，She was born in Canada and has taught around the world と一致する ウ が適当。
「世界中で教えた」＝様々な国に住んだことがある

(5)　放送原稿の第5段落，The volunteer club is glad to help people working on farms in Kenya.と一致する
ア が適当。

【A の放送原稿の要約】

こんにちは。2月4日火曜日の名古屋高校ニュースです。私リポーターのピーターグリーンが名古屋高校ラジ
オ局からお送りします。

最初に運動部のニュースです。卓球部が今週末に東京へ試合に行きます。彼らは大事なトーナメントに参加し
ます。卓球部は体育館で毎日練習しています。

サッカー部の3年生が引退しました。彼らは大学に入るため必死に勉強しています。サッカー部は昨夏に初め
て愛知県の優勝者になりました。全員が電車で福岡でのインターハイトーナメントに行きました。悪天候の中で
プレーをしましたが，すばらしい経験になったことでしょう。

学校に関するその他のニュースです。新しく2人の先生が来年度から私達の学校に来ます。鈴木先生は1年生
に科学を教えます。ブラウン先生は2年生に英語を教えます。彼女はカナダで生まれ，30年以上世界各地で教え
てきました。

次は名古屋高校ボランティア部のニュースです。生徒達は 12 年前に学園祭でフェアトレードのコーヒー豆を販売し始めました。この伝統は今でも続いています。ボランティア部はケニアの農場で働く人々を助けることに喜びを感じています。

これで今日のニュースを終わります。さようなら！

B(1)　A が最後に「野球の試合のチケットがあるんだ。一緒に行ける？」と言ったから，それに同意しつつも「いいの？」と確認するウが適当。

(2)　A は B の発言の Go through the (train) station 以下を聞き取ることができずに pardon me?「もう一度言ってください」と言った。B の 1 回目の発言と同じ内容のウが適当。

(3)　May I speak to ~?は電話で話したい相手を伝える表現。「ええ。少し待ってね」と言うエが適当。

(4)　黒い帽子を探している B(客)に A(店員)が「これはどうでしょうか？」と提案した。それに対する感想を伝えるエが適当。

Ⅱ　A(1)　案内の □ 内の英文から読み取る。

(2)　案内の □ 内，・adventure の項目の最後，You may see animals と一致するウが適当。

(3)　案内の □ 内，・adventure の項目，We have a big forest at the back of our camping area and a beautiful beach at the front.と一致するイが適当。

(4)　案内より，キャンプの日程が 8 月 5 日から 11 日までとわかる。つまり 8 月 6 日にシンディの息子達は家にいない。

(5)　シンディの 1 回目の発言から読み取る。I'm really worried.がヒント。「～したことがない」＝「～するのは初めて」　B．最初の文字が大文字だから，月が入ることが予想できる。キャンプは 8 月にあるから，その前の月の 7 月が適当。・by the end of＋月「(月)の終わりまでに」

【会話の要約】

ボブ　　：ねえ，シンディ。これを見てよ。このプログラムはジムとテッドにとって良さそうだ。君はどう思う？

シンディ：私は今朝，これを見たわ。私もそう思ったわ。でも子ども達はどう思うかしら？私達のいない夜を過ごしたことがないのよ。私はすごく心配だわ。

ボブ　　：僕達がいなくても何かをする時なんだ。いいチャンスだよ！

シンディ：その通りね。ジムは大きくなってるし，テッドの面倒もよく見てるわ。それにテッドはよく勉強してる。去年，彼は数学の点数が学年で一番良かったのよ。まだ見たことのない世界を見るチャンスを与えるのはいい考えかもしれないわ。

ボブ　　：わかった。今夜夕食の後にこのことについて話をしよう。びっくりして興奮するぞ！

(夕食後)

シンディ：ジム，テッド，こっちに来なさい。伝えたいことがあるの。

テッド　：何，お母さん？

シンディ：お父さんとお母さんは夏休みのことを考えてるの。キャンピングプログラムに参加するのはどう？

ジム　　：どんなプログラムなの？

ボブ　　：テーブルの上の紙を見てごらん。

テッド　：わあ，一週間そこにいられるって書いてある！参加していいの？

シンディ：もちろん，いいわ。でもお父さんとお母さんはそこへ行かないの。大丈夫？

ジム　　：問題ないよ，お母さん！僕はテッドも自分も面倒見れるよ。テッド，僕の方が年上だから，どうする
　　　　　かは僕が決めるよ，いい？

テッド　：わかったよ，お兄ちゃん。<u>キャンプまであと２週間あるね</u>。必要なものを買いに行こう。

　　　　　　　　　　　　　　　Ｂ ここから今は７月下旬だとわかる

ジム　　：それはいい！買う物リストを作るよ。

テッド　：毎晩キャンプファイヤーがあるよ。きっと面白いよ！

ボブ　　：じゃあジム，テッド，よく聞いてくれ。やらないといけないことがある。キャンプに行く前に宿題を
　　　　　終わらせるんだ。できるか？

ジム　　：僕はできるよ。もう半分やったし。㉘ ７月 末までにやるよ。

テッド　：僕もさ。

ボブ　　：わかった。そこで楽しい時を過ごせるといいね。

Ⅲ　(1)(A)　オリンピックの開催が４年ごとであるのは当時も現在も変わらないことである。　　　(B)　直後に動詞
の原形 win があるから，クが適当。〈to＋動詞の原形〉で目的を表す。　　　(C)　前後に相反する内容が書かれ
ているから，逆接の接続詞イが適当。

(2)①　〈過去分詞＋語句〉で後ろから cook を修飾する。　　　②　・all the ～「すべての～」・make A B「A を
B（の状態）にする」　　　(3)　・something wrong「間違ったこと」・take away ～「～を追放する」

(4)　下線部④の１行下，today's discuses are usually made of flat metal から読み取る。平らな金属製の円盤
を投げる競技＝円盤投げ　　　(5)　下線部⑥の段落から読み取る。

(6)⑤　[θruː] の発音。　　　⑦　[wʌn] の発音。[ウォン] という発音ではない。

(7)　エ「古代オリンピックの優勝者はオリーブの花輪を与えられ，故郷で評判になった」…第８段落と一致。

【本文の要約】

　４年ごとに世界中から運動選手がオリンピックに参加する。最初のオリンピックは 2700 年以上前に開催され
た。多くの種類のスポーツがあったが，最初の大会では競争が唯一の競技だった。ある昔話のレポートによれば，
最初のオリンピック優勝者はコロイボスと呼ばれる料理人だった。彼は多くの人々の前で 192m 走を走った。
現在㈰のように，当時の大会は４年ごとに開催された。当時男性だけが試合に参加できた。ギリシャ中の人々が
オリンピア市に来た。どの試合も彼らをわくわくさせた。

　試合中，全ての運動選手と審判員が公平であるよう約束した。もし運動選手が何か違反をしたら，その選手は
試合から追放された。そして審判員にお金を払わなければならなかった。

　すぐにさらに多くの競技ができた。そのいくつかは現在のオリンピックでも見ることができる。

　やり投げは競技場内で長い棒を投げるスポーツだった。初期のやりは現在使われているものと似ている。円盤
投げも現在の競技と似ている。初期のギリシャ人達は大きな石を投げていたが，現在の円盤は大抵平らな金属で
できている。初期の幅跳び選手達は手に重いものを持つと最高記録を出せると信じていた。それで彼らはそうし
た。古代ギリシャ人は乗馬や馬車レースも開催した。こうした競争は危険だったが，人々はそれを見るのが大好
きだった。もう１つの競技はレスリングだった。レスリングの試合に勝つ㈰ためには，選手は相手を３回投げな
ければならなかった。

ボクシングでは，当時の試合は相手が「お前の勝ちだ！」と言うか立ち上がれなくなるまで終わらなかった。また現在ボクシングの階級は多いが，古代ギリシャではたった2つしかなかった。1つは成年男子，もう1つは少年だった。

　どのスポーツも勝者は1人だけだった。優勝者達はオリーブの花輪をもらった。故郷に帰るとみんなが彼らを敬愛した。彼らは故郷で有名になった。

　紀元393年当時，ローマ皇帝テオドシウス1世はオリンピックを終わらせる決意をした。©しかしながら，それが本当に最後とはならなかった。1894年，10か国の審判員達が最初の近代オリンピックを始めるために集まった。2年後の1896年，再びオリンピックは始まった。それ以来，オリンピックはますます人気が高まっている。

Ⅳ　(1)　「…ほど〜でない」＝not as 〜 as…

　(2)　頻度を表す副詞は一般動詞の前に来る。「ときどき」＝sometimes　「〜して楽しむ」＝enjoy 〜ing　「動画」＝movie　「〜と（一緒に）」＝with 〜

　(3)　「お父さんが去年買ってくれたパソコン」は〈(関係代名詞)＋主語＋動詞〉で後ろから computer を修飾して表す。「(人)に(物)を買い与える」＝buy＋物＋for＋人

　(4)　「大切にする」は「大切に使う」に言い変える。「(人)にとって〜することは…だ」＝it is…for＋人＋to〜(下線部は省略されることもある)

━━━━━━━━━━━━━━ 《解答例》 ━━━━━━━━━━━━━━

Ⅰ　A．(1)ウ　(2)ウ　(3)エ　(4)イ　(5)エ　　B．(1)ア　(2)ウ　(3)エ　(4)ア

Ⅱ　(1)ア　　(2)エ　　(3)イ　　(4)ア　　(5)ウ

Ⅲ　(1)エ　　(2)イ　　(3)オ　　(4)イ　　(5)オ　　(6)like

　　(7)①a bag with a lot of books in it　⑤how is he able to get to the hospital　　(8)ア，カ

Ⅳ　(1)looking for someone who can speak English.〔別解〕looking for someone who speaks English.

　　(2)visited London two years ago.　　(3)you tell her to call me back?　　(4)exciting to go abroad

━━━━━━━━━━━━━━ 《解　説》 ━━━━━━━━━━━━━━

Ⅰ　　　　　　　　　　　　　　　A【放送原稿の要約】

　こんにちは。こちらは２月５日火曜日の名古屋高校ニュースです。名古屋高校ラジオ局のピーターグリーンがお送りします。

　まず，部活動のニュースです。名古屋高校サッカー部は試合で愛華高校に３対１で勝ちました。(1)ウ<u>ラグビー部は Haruoka 高校に勝ちました</u>。点数は 28 対 7 でした。ボランティア部は先週タイに行きました。11 人の部員は月曜日の午前中にバンコクに着きました。彼らは幼い子ども達のための学校を建てるのを手伝いに行きました。ボランティア部は１年後にそこへ再び行くそうです。(2)ウ<u>彼らは金曜日の夜遅く名古屋に帰ってきました</u>。

　その他の学校のニュースです。(3)エ<u>オーストラリアの生徒が水曜日に私達の学校を訪問します</u>。12 人の生徒が１週間，私達の学校に来ます。木曜日の午後に，彼らはオーストラリアの学校生活について話をします。訪問する生徒達は中国語，スペイン語，ドイツ語など別々の言葉を話せます。

　図書室は７時まで開いています。(4)イ<u>図書室には５万冊以上の本と何百枚もの DVD があります</u>。(5)エ<u>図書室は３階の理科室と美術室の間にあります</u>。

　これで今日の名古屋高校ニュースを終わります。さようなら。

A(1)　「どのチームが Haruoka 高校と対戦しましたか？」　　(2)　「いつボランティア部は日本へ戻りますか？」　　(3)　「誰が来週名古屋高校へ来ますか？」　　(4)　「図書室には何冊の本がありますか？」

(5)　「どこで生徒は図書室を見つけられますか？」

B(1)　A「電話ボックスの前にある車が見えますか？」→B「はい，あなたの車ですか？」→A「ァ<u>はい，私のものです</u>」　　(2)　A「冬休みの宿題を終わらせたのよね？」→B「いえ，終わってないわ」→A「なぜ？何があったの？」→B「ゥ<u>腕を骨折してしまったの</u>」　　(3)　A「新しいテニスシューズを買ったよ」→B「へえ，見せて」→A「どうぞ。シューズについてどう思う？」→B「ェ<u>僕のと同じだ！</u>」　　(4)　A「君は先週の日曜日に何をしたの？」→B「お父さんと映画を見たよ」→A「どうだった？」→B「ァ<u>わくわくしたよ</u>」

Ⅱ

【広告の要約】

市の中心にある(1)ア読書家の楽園，The Shelves

4月1日(月)開店　年中無休，午前10時〜午後11時

・3月31日に特別な開店パーティ

　この広告を受け取った方のみ来店いただけます。式は午後6時からです。

・プレゼントがもらえる！　(2)エ開店した週(4月1日〜7日)に来店された方には，有名画家の描いた絵ハガキをプレゼント。さて，誰でしょう？もらえば分ります。

(4)アクーポンA　$3引き(4月7日まで)　$10以上お買い上げなら$3値引きいたします。他のクーポンとの併用はできません。

クーポンB　5％引き(4月13日まで)　$20以上お買い上げなら5％値引きいたします。他のクーポンとの併用はできません。

詳細と質問はEメールで→〈rpitcoc@theshelves.com〉

【Eメールの要約】

送信元：Ken Hirabayashi〈HK@n-g-ygkin.com〉

送信先：〈rpitcoc@theshelves.com〉

件名　：質問があります。

　The Shelves様へ，こんにちは私は読書が大好きな学生です。このようなお店が家の近所にないので，本当に嬉しくてわくわくしています。

　広告のことで質問です。広告には特別な開店イベントを開催すると書いてあります。私は広告を持っていますので3月31日に店に行くつもりです。そのとき，何か買うことができますか？(3)イその日に広告のクーポンは使えますか？

　早めのご返答をお願いします。　　　Ken

送信元：Jane Jackson〈rpitcoc@theshelves.com〉

送信先：Ken Hirabayashi〈HK@n-g-ygkin.com〉

件名　：Re：質問があります。

　Ken Hirabayashi様，　Eメールを頂き，ありがとうございます。最初の質問の答えはYesで，店内の本をお選びいただけます！ぜひ店内をご覧になり，お客様のお気に入りの本を見つけてください。(3)イ2つ目の質問については残念ながら答えはNoです。（クーポンのご利用は）4月1日までお待ちください。

　重ねて感謝申し上げます。ぜひご来店ください。私共The Shelvesと読書をお楽しみいただけることを願っております。　　　Jane Jackson

　【広告の要約】【Eメールの要約】参照。　　(1)　「The Shelvesとは何ですか？」「読書家の楽園」→ア「書店」

　(2)　「4月9日にThe Shelvesを訪れると，店から何がもらえますか？」プレゼントをもらえるのは4月1日〜7日の間。→9日はエ「何ももらえない」

(48)

(3) 「Ken は 3 月 31 日にクーポン A を使えますか？」クーポンが使えるのは 4 月 1 日から。

(4) 「Ken は 4 月 7 日に＄15 の本を買うなら，ァクーポン A を使うだろう」クーポン B は＄20 以上買わない
と使えない。　　(5)　「どれが正しいですか？」→ウ「Ken は 4 月 10 日に＄40 の本を買いクーポン B を使
うなら，＄38 払う」＄40 の 5 ％引きは＄38。

Ⅲ　　　　　　　　　　　　　　　　　【英文の要約】

　私はその生き物を見て悲しくなった。私は医者(A)だから事故や病気の人について多くのことを知っている。私
は毎日恐ろしいものを見ている。しかし，この生き物，いやこの物は最悪だった。

　彼は古びたズボンをはいていたが，シャツも上着も靴もなかった。それで私は彼の体をよく見ることができた。
彼の頭が最も興味深いものだった。それはとても大きかった。たくさんの本の入った袋のようだった。髪の毛は
ほとんどなく，後頭部に茶色く汚れた肌の袋がもう 1 つあった。この肌は首から下に垂れ下がっていた。私は彼
の片方の目をあまり見ることができなかった，それは多くの肌も顔の前に垂れ下がっていたからだ。

　大きく赤い歯が口から突き出し，鼻の下まで伸びていた。それは象の牙(B)のようだった。口と鼻は顔に開いた
穴のようだった。(8)ァ皮膚が動かないので，顔は笑うことも怒ることも悲しむこともできなかった。それは死んで
いた，象の顔のように。

　その生き物の体の前後にはさらに汚れた皮膚の袋があった。この袋は彼の脚にも垂れ下がっていた。(4)ィ右腕は
とても大きく，③それにも袋がついていた。右手は人間の足のようだった。

　しかし左手，つまり左腕と左手はきれいだった！左腕はきれいな肌で，左手の指は長くきれいだった。それは
若い女性の手のようだった！

　（見せ物小屋の）主人は「歩け！早く動け！」と言った。彼はその生き物を手で殴った。

　その生き物は上手く歩けなかった。左脚はとても大きく，腰痛もあった。彼は杖なしでは遠くまで歩けなかった。
私は「もう結構。ありがとう。彼に座るよう言ってくれ」と言った。部屋のひどい臭いで私は気分が悪くなった。
主人は「わかりました，だんな様。　座れ，Merrick」と言った。

　私達は部屋を出てドアを閉めた。主人は黄色い歯を見せながらにんまりとした。主人は「素晴らしいでしょう，
だんな様。④イギリス　一の Elephant Man です！何百もの人があいつを見に来ます，何百もの人です！あいつを
国中連れて回るんですよ！」と言った。

　私は「あぁ，大変興味深い。座ってもいいかな？」と言った。

　彼は私の方を見てニヤリと笑い「はい，もちろん。ここに椅子がございます。水でも一杯いかがですか，だんな
様？」と言った。私は「頼む」と言った。そして私は汚い店内にあるものを見つけた。2，3 個の腐ったリンゴ
と古く真っ黒なバナナがあった。それだけしかなかった。私は「え，いや。結構。大丈夫だ」と断った。私は「お前
は(1)ェ彼を Merrick と呼んだか？」と言った。

（主人）「そうです，だんな様。Joseph Merrick。私はあいつを国中連れて回っています。あいつを見たい人はた
くさんいるんです」

（筆者）「そうか。ずいぶん金をもうけたんだな？」

（主人）「時々です，だんな様。でも難しいんですよ，警察のせいで。警察は私達のことが好きじゃないんです。だから１つの町に長くいられないんですよ。毎週移動しています」

（筆者）「そうか。ところで…」

（主人）「Silcock です。⑴ｴ私は Simon Silcock です」

（筆者）「ああ，Silcock。私はロンドン病院で働いている。⑴ｴ私の名は Treves だ。私はこの男，Joseph Merrick を大変興味深いと思っている。⑻ｶ病院に連れて行きたい。もっとよく彼を診てみたいのだが」

（主人）「そうですね。でも彼はどうやって病院に行くのですか？難しいでしょう」

（筆者）「なぜだ？病院はここから遠くないぞ」

（主人）「ええ，そうですね。でもあの生き物はあまり上手く歩けません。あいつは助けが必要ですよ」

（筆者）「お前が彼と一緒に来ればいい。金がもっと欲しいか？」

（主人）「ええ，欲しいです。でも人々はあいつを怖がります。道路ではガキが後をつけてあいつをたたくんですよ。人々が怖がるから警察も怒ります。警察が私達を監獄へ連れて行くこともあります」

私は「なるほど。では彼はどうやって病院に来れるだろう？」と言った。

Silcock は「タクシーを使いましょう。タクシーであいつを病院に連れて行きましょう」と言った。

(1)(2) 【英文の要約】参照。　　(3) ［f］の発音。ア〜エの gh は発音しない。　　(4) 【英文の要約】参照。

(5) 「何百もの」を強調し２回言っていることから自信と満足感がうかがえるのでオが適当。

(6) 【英文の要約】参照。・look like 〜「〜のように見える」・like 〜「〜が好き」

(7)① ・⑧＋with A in B「B に A の入った⑧」　　⑤ ・be able to 〜「〜できる」　　(8) 【英文の要約】参照。

Ⅴ (1) ・look for 〜「〜を探す」　who can speak English が someone を修飾している。

(2) 問題文に「〜したことがある」とあるが，ロンドンを訪れた時期が明確だからこの場合は過去形を使う。

(3) ・Could you〜?「〜してくださいますか？」（丁寧な依頼の表現）　・tell＋⑧＋to＋⑩「⑧に⑩するよう言う」

(4) ・it is＋⑱＋for＋⑧＋to＋⑩「⑧にとって⑩することは⑱だ」　　・, isn't it?「〜ですね」・go abroad「海外に行く」

■ ご使用にあたってのお願い・ご注意

（1）問題文等の非掲載

　著作権上の都合により，問題文や図表などの一部を掲載できない場合があります。

　誠に申し訳ございませんが，ご了承くださいますようお願いいたします。

（2）過去問における時事性

　過去問題集は，学習指導要領の改訂や社会状況の変化，新たな発見などにより，現在とは異なる表記や解説になっている場合があります。過去問の特性上，出題当時のままで出版していますので，あらかじめご了承ください。

（3）配点

　学校等から配点が公表されている場合は，記載しています。公表されていない場合は，記載していません。

　独自の予想配点は，出題者の意図と異なる場合があり，お客様が学習するうえで誤った判断をしてしまう恐れがあるため記載していません。

（4）無断複製等の禁止

　購入された個人のお客様が，ご家庭でご自身またはご家族の学習のためにコピーをすることは可能ですが，それ以外の目的でコピー，スキャン，転載（ブログ，ＳＮＳなどでの公開を含みます）などをすることは法律により禁止されています。学校や学習塾などで，児童生徒のためにコピーをして使用することも法律により禁止されています。

　ご不明な点や，違法な疑いのある行為を確認された場合は，弊社までご連絡ください。

（5）けがに注意

　この問題集は針を外して使用します。針を外すときは，けがをしないように注意してください。また，表紙カバーや問題用紙の端で手指を傷つけないように十分注意してください。

（6）正誤

　制作には万全を期しておりますが，万が一誤りなどがございましたら，弊社までご連絡ください。

　なお，誤りが判明した場合は，弊社ウェブサイトの「ご購入者様のページ」に掲載しておりますので，そちらもご確認ください。

■ お問い合わせ

　解答例，解説，印刷，製本など，問題集発行におけるすべての責任は弊社にあります。

　ご不明な点がございましたら，弊社ウェブサイトの「お問い合わせ」フォームよりご連絡ください。迅速に対応いたしますが，営業日の都合で回答に数日を要する場合があります。

　ご入力いただいたメールアドレス宛に自動返信メールをお送りしています。自動返信メールが届かない場合は，「よくある質問」の「メールの問い合わせに対し返信がありません。」の項目をご確認ください。

　また弊社営業日（平日）は，午前9時から午後5時まで，電話でのお問い合わせも受け付けています。

2025 春

株式会社教英出版

〒422-8054　静岡県静岡市駿河区南安倍3丁目 12-28

TEL　054-288-2131　　FAX　054-288-2133

URL　https://kyoei-syuppan.net/

MAIL　siteform@kyoei-syuppan.net

教英出版 2025　28の1　名古屋高7年分

２０１９年度

高 校 一 般 入 学 試 験 問 題

数 学

(50分)

注 意 事 項

◎ 「始め」の合図があるまで中を見てはいけません。

◎ 解答用紙は別になっています。

◎ 解答は全て解答用紙の所定の欄に記入しなさい。

◎ 解答用紙だけ提出し，問題は持ち帰りなさい。

◎ 円周率は π とします。

名古屋高等学校

数　　学

Ⅰ　次の問いに答えよ。

(1)　$(6x)^2 \div \left(-\dfrac{3}{2}x\right)$ を計算せよ。

(2)　$(x-2)y-2(x-2)$ を因数分解せよ。

(3)　右の表は名古屋高校の野球部のN投手の球速を調べた
　　ものです。球速の分布の範囲を求めよ。

球速（km/h)	
1球目	132
2球目	127
3球目	133
4球目	124
5球目	125
6球目	124
7球目	131
8球目	127

(4)　変化の割合が -3 で $x=2$ のとき $y=-2$ である1次関数の式を求めよ。

(5)　方程式 $\dfrac{x}{5}-\dfrac{y}{2} = 0.1x-0.75y = 1$ を解け。

(6)　下の図において，AB∥CDで∠BED＝28°のとき，∠ADCの大きさを求めよ。

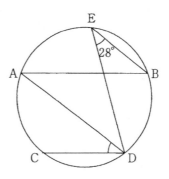

(7)　$25^2-24^2+23^2-22^2+21^2-20^2$ を計算せよ。

(8)　$\sqrt{540a}$ の値が自然数となるような自然数aのうち，最も小さいものを求めよ。

(9)　4枚の硬貨を同時に投げるとき，少なくとも1枚は表となる確率を求めよ。

Ⅱ 　名古屋高校のグラウンドの周りには，1周550mのランニングコースがある。
　サッカー部のA君は時速15kmの速さで走り始めた。テニス部のB君はA君が走り始めてから
1分後に，A君が走り始めた場所と同じ場所から同じ向きに走り始めた。ただし，B君は10km
を走るのに35分かかる速さで走った。次の問いに答えよ。

（1）　A君が最初の1周を走るのにかかった時間は何分何秒か。

（2）　B君がA君を2回目に追い越したのはB君が出発してから何分何秒後か。ただし，B君は
　　　常に同じ速さで走るのに対して，A君は走り始めてから10分後からは時速12kmの速さで
　　　走った。

Ⅲ　　図のように母線の長さが6cmの円錐Fがある。この円錐の
展開図で側面になるおうぎ形の中心角が120°のとき，次の
問いに答えよ。

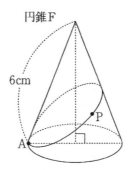

(1)　円錐Fの側面積を求めよ。

(2)　図に示すように，点PはAを出発し，円錐の側面を1周
してAに戻る。
このときの経路の最短距離を求めよ。

さらに，円錐Fと相似な円錐Gがある。

(3)　円錐Fと円錐Gの高さの比が2：1のとき，円錐Gの体積を求めよ。

Ⅳ　　図のように，関数 $y = x^2 (x < 0)$ のグラフがある。
　　　x 軸上の点Pを通り，傾き2の直線を ℓ とする。このとき，
　　　ℓ とこの関数のグラフとの交点をQ，y 軸との交点をRと
　　　する。点Pが原点Oと x 軸上の点S $(-10, 0)$ の間にあり，
　　　SP $= t$ cm $(0 < t < 10)$ のとき，次の問いに答えよ。
　　　ただし，座標軸の単位の長さは1cmとする。

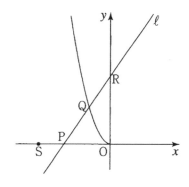

（1）　点Rの y 座標を t を用いて表せ。

（2）　点Qの x 座標を t を用いて表せ。

（3）　△OPQと△ORQの面積が等しいとき，t の値を求めよ。

V (1) 右の図で，ATは円Oの接線，点Aはその接点である。
∠BATと∠ACBが等しいことを次のように証明した。
ア，イには数値を記入せよ。**ウ，エ**には下の①〜⑧から
適するものを選び番号で答えよ。

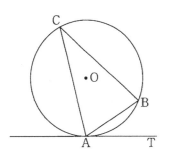

　　　| 証明 | 直径ADを引くと，∠DAT＝ ア °だから，

　　　　　　　　　∠BAT＝ ア °−∠BAD ……(i)

　　　また，∠ACD＝ イ °だから，

　　　　　　　　　∠ACB＝ イ °−∠BCD ……(ii)

　　　　 ウ と エ は弧BDに対する円周角だから，

　　　　 ウ ＝ エ 　　……(iii)

　　　(i)，(ii)，(iii)から，∠BAT＝∠ACB

　　　　①∠ACB　　②∠BCD　　③∠DAT　　④∠BAT
　　　　⑤∠BAD　　⑥∠CAD　　⑦∠CBD　　⑧∠ADB

(2) 右の図で，BC，BDはそれぞれ点Bを通る円O'，円Oの接線である。
　　次の問いに答えよ。

(i)　∠CAD＝158°のとき，∠CBDの大きさを求めよ。

(ii) AC＝2，AD＝$\dfrac{5}{2}$のとき，ABの長さを求めよ。

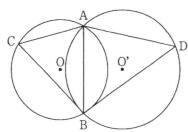

K 教英出版

K 教英出版

２０１９年度

高 校 一 般 入 学 試 験 問 題

英　　語

(50分)

英　　　語

Ⅰのリスニング問題は試験開始から数分後におこなう。それまで他の問題を解いていること。

Ⅰ　【リスニング問題】放送をよく聞いて，A, Bの問いに答えよ。

※教英出版注
音声は，解答集の書籍ＩＤ番号を
教英出版ウェブサイトで入力して
聴くことができます。

A　これから読まれる英語を聞いて，その英語が表す語を下から選んで答えよ。英語はそれぞれ1度だけ読まれる。

book	library	bath	fiction	tradition
breakfast	Alaska	festival	important	aquarium
shower	zoo	kitchen	Canada	cooking

(1) ＿＿＿＿＿＿＿＿

(2) ＿＿＿＿＿＿＿＿

(3) ＿＿＿＿＿＿＿＿

(4) ＿＿＿＿＿＿＿＿

(5) ＿＿＿＿＿＿＿＿

　　はじめに英語の対話が読まれ, その後, 対話の内容に関する質問が読まれる。質問の答えとして最も適当なものを次のア〜エからそれぞれ1つ選び, 記号で答えよ。対話と質問はそれぞれ2度読まれる。

(1)　ア　Because they are now friends.
　　　イ　Because they went to different schools.
　　　ウ　Because they want to sit together.
　　　エ　Because their student numbers are 17 and 18.

(2)　ア　Because he was in the same class.
　　　イ　Because the school is quite famous.
　　　ウ　Because the weather was good on the school trip.
　　　エ　Because the school is in Nara.

(3)　ア　It rained a lot.
　　　イ　Everyone fell over on the mountain.
　　　ウ　He laughed a lot while he was skating.
　　　エ　It was too cold in the snow.

(4)　ア　America and England
　　　イ　America and Canada
　　　ウ　Okinawa and Canada
　　　エ　England and Okinawa

(5)　ア　He wants to study in America.
　　　イ　He wants to climb many mountains.
　　　ウ　He likes to make many friends.
　　　エ　He's not sure yet.

Ⅱ　次のA，Bの問いに答えよ。

A　次の対話を読んで，あとの問いに地図を見ながら答えよ。なお，(2) は空所に入る適当な語を1語で書け。

(Tom and Alex are talking on the phone.)

Tom : Hi, Alex. Where are you? It's already 12 o'clock, our meeting time.

Alex : I'm sorry, Tom. I've just arrived at the station. I'm coming soon. The meeting place is in front of the clock in the park, right?

Tom : No!! Today, we have to go to the library to do our homework. We have to give a speech in the English class tomorrow.

Alex : Oh, I forgot about it. Okay, I will go to the library soon.

Tom : Why? We decided that we will have a lunch together before the library. So, we will meet in front of the restaurant. Do you remember?

Alex : Yeah, of course, I remember... I'll be there in ten minutes. I'm sorry.

Tom : You only think about playing baseball... but it's okay. I will wait for you.

Alex : I'm so sorry.

(15 minutes later)

Tom : Alex, what are you doing?

Alex : Sorry, Tom. I lost my way.

Tom : Really? Do you know where you are now?

Alex : I don't know. I can see a bookshop, and the top of Nagoya Sky Tree is behind it.

Tom : Bookshop...? I know where you are. I'll tell you the way to the restaurant from there.

Alex : Thank you!

Tom : First, go west. Then, there is a traffic light but just keep going straight. After about one minute, you can see the next traffic light, then turn right. You'll see a big hospital about 500 meters in front of you. One block before the hospital, there is a convenience store on the left. Turn left on that road. Walk past the *movie theater on your left. When you see the bank on the left, turn right. Finally, you'll see the restaurant soon on the right side.

Alex : All right, Tom. I'll try to get there. Thank you.
Tom : It's not so difficult.

(10 minutes later)

Tom : Hey, Alex! Right here!
Alex : Tom! I'm so sorry, and thank you so much.

【注】　movie theater：映画館

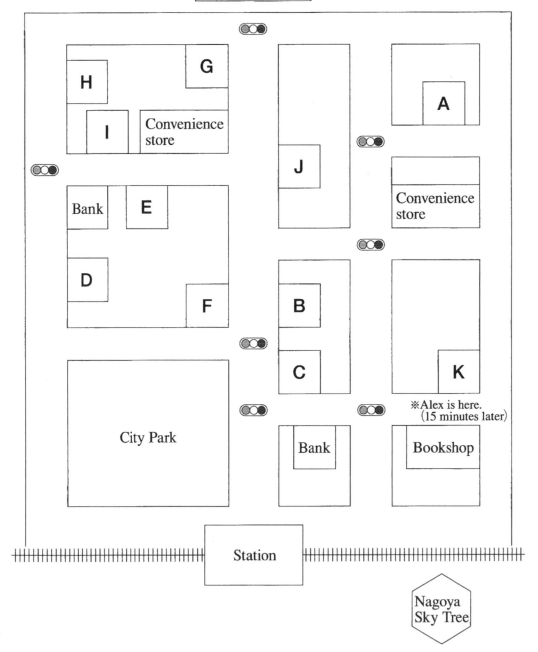

(1) What will they do first after they meet?

    ア   They will study for a presentation at the library.
    イ   They will play baseball at the park.
    ウ   They will have lunch.
    エ   They will go shopping.

(2) Why will they go to the library?

    Because they have to (　　　　) for their speech.

(3) Where is the movie theater on the map? Please choose from A to K.

(4) Where is the restaurant on the map? Please choose from A to K.

B　次の対話文と右ページのメニュー表を読んで，あとの問いに答えよ。

Tom : What are you going to eat, Alex?

Alex : Well, I'm really hungry but I'm still thinking. This is my first time to come here. What are you going to have?

Tom : I will have a Cheeseburger Meal with an egg from the *topping menu.

Alex : Okay. I want to order a Klein's Special Burger Meal but I don't like onion.

Tom : You are not able to order that burger with no onion in this restaurant. An Original Hamburger Meal is a much better choice for you. You can choose anything you want.

Alex : Sounds great! I will have fried egg and tomato.

Tom : You should add cheese. It's really delicious.

Alex : Really? I will take your advice.

Tom : Any other toppings? Do you want pineapple?

Alex : No thanks.

Tom : Are you sure?

Alex : Yes, it's too much for me, and I don't really like fruit with meat.

Tom : I don't like it either. How about a drink?

Alex : I will have a coffee.

Tom : An orange juice for me.

【注】　topping：トッピング

Riku: That's so cool Ken! We went to Nara and it rained for two days.

Ken: That's too bad. Of course, it was cold on our trip but we had nice warm clothes and it was sunny. On the last day everyone went skating. We were tired so we fell over many times. I couldn't stop laughing!

Riku: You are so lucky! But next year this school will have a trip to Okinawa. I'm sure it will be a great experience.

Ken: Yes. We get a chance to do a homestay there. Also I want to do a homestay in Canada. Did you know that this school has English programs in England, America and Canada, but Canada is the only homestay program?

Riku: Yeah. I want to go too. I really want to become good at English so I can get to a university in America.

Ken: That's a great dream Riku. I don't know what I want to do in the future but I'm going to make lots of friends and enjoy every day at this school.

Riku: Great idea! I'm so happy to be a student at Nagoya High School!

Questions

(1) Why does Riku think he and Ken may sit together?

(2) How does Riku know about Ken's old school?

(3) What does Ken say about his junior high school trip?

(4) Where can students at Nagoya High School do a homestay?

(5) What does Ken want to do in the future?

答 用 紙

（2019高一数学）

	km/h	(4)	
		(8)	

※

※

cm³

※

※

エ

※

※印の欄には何も書き入れないこと。

※得点	

※100点満点
（配点非公表）

名

	(4)	①	c	②	d
		③	w	④	t
		⑤	t		

※

Ⅳ	(1)	①	Because	.
		②	Eight has	.
	(2)	③	～ after a while	.
		④	Do you know	?

※

※印の欄には何も書き入れないこと。

受 験 番 号		氏 名	

※ 得 点	※100点満点 (配点非公表)

英 語 解 答 用 紙

I	**A**	(1)		(2)	
		(3)		(4)	
		(5)			
	B	(1)	(2)	(3)	(4)	(5)

※

II	**A**	(1)	(2)	(3)	(4)
	B	(1)	(2)	(3)	(4)	(5)

※

(1)	A		B	
	C		D	
(2)	These			jobs.

【解答用

数 学

I	(1)		(2)		(3	
	(5)	$x=$, $y=$	(6)	°	(7	
	(9)					

II	(1)	分 秒	(2)	分 秒

III	(1)	cm²	(2)	cm

IV	(1)		(2)	(3

V	(1)	ア	イ	ウ
	(2)	(i) °	(ii)	

受 験
番 号

【解答用

※教英出版注
音声は，解答集の書籍ＩＤ番号を
教英出版ウェブサイトで入力して
聴くことができます。

Ⅰ　A

(1) This is the name of a place in the United States. Actually it's very near to Russia. There are many mountains and glaciers.

(2) A writer imagines this and then writes it. Many people enjoy reading this kind of story. It's not fact.

(3) This is a place at home. We cook in this place and after we eat we wash the dishes here.

(4) We visit this place if we want to see many kinds of fish or other animals under the water. There is one in Nagoya. Many people go here with friends or family.

(5) We use this to clean our body. Usually we stand and the water falls on us. We turn it off and then use a towel to get dry.

Ⅰ　B

Ken:　　Hi! My name is Ken. Are you in class A this year?

Riku:　　Yes, I am. That means we are classmates. What's your student number Ken?

Ken:　　I'm number 17. How about you?

Riku:　　Wow! I'm number 18. Maybe we will sit together in class. My name is Riku. Nice to meet you.

Ken:　　Great to meet you, too. What school did you go to last year?

Riku:　　Oh, I was at Shinrin Junior High School. I had many friends there but they all went to different schools. You are my first friend here Ken!

Ken:　　I have two friends in class D. Let's say hello to them later. We all went to Sunada Bashi Junior High School last year.

Riku:　　I know that school. It's quite famous in this area.

Ken:　　Yeah? We had a lot of great teachers and strong sports teams. And on the school trip we went to Nagano. We camped in the snow and climbed two high mountains.

【放送原稿

Klein's Burger Shop

Klein's Burger Shop has made delicious burgers since 1887. We were the first burger shop in Nagoya. And we strongly believe that our burgers are the best. All of our burgers are made with meat and vegetables from the Tokai area. That means they are the *freshest and *tastiest in Japan. You'll be strong and healthy if you eat our burgers. All our hamburgers come with French fries and pickles.

Lunch

★ Klein's Special Burger Meal [$13] (drink+$1)

> * This hamburger has meat, cheese, fried egg, lettuce, tomato, and onion.

★ Cheeseburger Meal [$11] (drink+$1)

> * For cheese lovers!

> * This hamburger has meat, four kinds of cheese, mushroom, and onion.

★ Hawaiian Burger Meal [$15] (drink+$1)

> * This hamburger has meat, pineapple, fried egg, and onion.

★ Original Hamburger Meal [2 toppings $10, 3 toppings $12,

> more than 4 toppings $14] (drink+$1)

> * Our Original Hamburger has only meat... then, you can choose any toppings from below.

Topping Menu (you can add any toppings for any burgers)

Extra Meat	+$3	Tomato	+$1
Cheese	+$2	Onion	+$1
Pineapple	+$2	Mushroom	+$1
Fried egg	+$2		

● If you add any toppings to your meal, we will give you a drink for free. Sorry but you can't do this if you order the 'Original Hamburger Meal.'

【注】 freshest：最高に新鮮な　　 tastiest：最高においしい

(1) Why are Klein's burgers the freshest and tastiest burgers in Japan?

 ア Because they were made in 1887.
 イ Because they are delicious.
 ウ Because they come with French fries and pickles.
 エ Because they use meat and vegetables from the Tokai area.

(2) From the first three burgers on the menu, which has the most vegetables?

 ア Klein's Special Burger
 イ Cheeseburger
 ウ Hawaiian Burger
 エ Original Hamburger

(3) What burger would Tom never order for himself?

 ア Klein's Special Burger Meal
 イ Cheeseburger Meal
 ウ Hawaiian Burger Meal
 エ Original Hamburger Meal

(4) How much does Tom need for his lunch?

 ア $12
 イ $13
 ウ $14
 エ $15

(5) How much does Alex need for his lunch?

 ア $10
 イ $11
 ウ $12
 エ $13

Ⅲ　次の英文を読んで，あとの問いに答えよ。

What do you want to do in the future? When I ask this question in my class, some students say, "I want to make a new game." These ① [most / a game programmer / one / is / popular / the / of / days] jobs. In fact, many students like playing games and most of the games are made for young people. However, do you think all the people who like games are young? Of course not. A few years ago, a new type of game, "*Pokémon Go," became a big hit around the world. To catch little monsters, people walk around and talk with others to get information about where the monsters are. ②This is good *exercise for old people. The game gives them a purpose to go outside. It also gives them a chance to have fun talking with others. Games can be good tools for keeping us in good health.

There is also a famous Japanese game programmer who made a game for old people. Her name is Masako Wakamiya. In 2017, she was (A) to the United Nations to give a speech about how computers can *improve the lives of old people.

Masako started to use computers just after she *retired from her job. She was sixty. At that time she was (B) care of her mother, so it was difficult for her to go out. Through the Internet, she made many friends and enjoyed talking with them inside her house. She felt like she had *wings! She went to many places with her new wings. She thought a great number of old people need these wings, especially old people who live alone or who can't go outside. She (C) up with an idea to use computers in an easy way. First, she designed *patterns with many big and small shapes by computer and put them on her *hand-made bags or *handkerchiefs. It takes a lot of time to make such designs by hand, so this easy way of designing became popular. Next, she wanted to make a new game. It is sometimes difficult for old people to play games by pushing a button many times quickly. It was a big challenge for her, but she never gave up. One day she (D) a game *creator when she was working as a volunteer after the Tohoku Earthquake. With his help, she started to learn computer programming at the age of 81. She created a new game the next year. It became popular among old people. Masako is enjoying her life and always thinking about how she can help others. She keeps learning and challenging herself. That brings her success.

When you came here to take the test today, you passed through a *narrow gate into Nagoya High School. On the top of this gate, you can see the words from the *Bible: "Enter by the narrow gate." This means that you should try to do your best to *achieve your goal. The way to the narrow gate is not always easy. Sometimes you must have a hard time. At such a time, you should think that it is a chance to have a good experience. Maybe this experience will become a treasure in your life. Enjoy your school life and keep challenging yourself.

【注】Pokémon Go：スマートフォン向け位置情報ゲームアプリの名称　　　　exercise：運動
　　　improve：〜を改善する　　retire：退職する　　　　wing：翼　　　pattern：模様
　　　hand-made：手作りの　　handkerchief：ハンカチ　　button：ボタン　　creator：クリエイター
　　　narrow gate：狭い門　　Bible：聖書　　　　　　　achieve：〜を達成する

（1）空所A〜Dに入れるのに最も適当なものを，それぞれ下の語群から1つ選んで記せ。ただし，必要があれば正しい形に変えて書け。

　　　【語群】　take　　　hold　　　invite　　　meet　　　get　　　come

（2）下線部①の [　　　] 内の語句を並べかえ，英文を完成せよ。

（3）下線部②が指している具体的な内容を50字以内の日本語 (句読点を含む) で説明せよ。

（4）英文の内容に合うよう，空所に入る適当な語をそれぞれ1語で書け。ただし，空所内の指定された文字で始めること。

　　　Today not only young but also old people enjoy playing games. Ms. Wakamiya thought that ① (c　　　) are useful for old people to enjoy their lives. She tried to make a new game for them, but it was ② (d　　　) for her. Then she got a chance to meet a game creator. He helped her ③ (w　　　) computer programming. Keep ④ (t　　　), and one day, our dreams will come ⑤ (t　　　).

Ⅳ 次の対話を読んで, 文脈に沿って空所①〜④に適切な英文を書き, 対話を完成させよ。
ただし, ( ) 内に指定した語を, 必要に応じて適切な形にして用いること。

(1)

Kate : Which letter of the alphabet *separates England from France?
Yumi : Well, I don't know. What is it? Could you tell me the answer?
Kate : The letter C.
Yumi : The letter C? I don't understand.
Kate : Well, it's easy. Because ① (there / a sea / two).
Yumi : Hmm.... Just a moment.... Oh, I got it! Is that an English *riddle? I like it!
       Do you know any more?
Kate : OK. Here's another one. The number 6 is afraid of the number 7. Why?
Yumi : Oh, that's easy. Because 7 8 9! ② Eight has (same / the word "ate").

【注】 separate A from B : AとBを分ける   riddle : なぞなぞ

(2)

Yumi's host mother : It rained hard today. Did you remember your umbrella?
              Yumi : No, I didn't but I was lucky because after a while ③ (stop /
                     rain).
Yumi's host mother : Did you see a rainbow?
              Yumi : Yes, it was beautiful.
Yumi's host mother : Do you know ④ (many / color / the rainbow) ?
              Yumi : Of course, it has seven: red, orange, yellow, green, blue,
                     *indigo, and *violet.
Yumi's host mother : Did you know that in America when children put a rainbow
                     in a picture, they only have six colors? They don't have
                     indigo.
              Yumi : No, I didn't . That's interesting!

【注】 indigo : 藍色   violet : すみれ色

２０１８年度

高 校 一 般 入 学 試 験 問 題

名古屋高等学校

数　　　学

Ⅰ　　次の問いに答えよ。

(1) $\left(-\dfrac{1}{3}x^2y\right)^3 \div \left(\dfrac{2}{3}x^2y^3\right) \times \left(-\dfrac{4y}{x}\right)^2$ を計算せよ。

(2) 連立方程式 $\begin{cases} \sqrt{2}\,x + \sqrt{6}\,y = \sqrt{3} \\ \sqrt{6}\,x - \sqrt{2}\,y = 2 \end{cases}$ を解け。

(3) $(3a+2b)^2 - (2a-b)^2$ を因数分解せよ。

(4) 2つの関数 $y = 2x + a$, $y = bx^2$ で x の変域を $-4 \leqq x \leqq 2$ とすると，y の変域がともに $0 \leqq y \leqq c$ となる。a, b, c の値を求めよ。

(5)　図のような正八角形がある。∠AIHの大きさを求めよ。

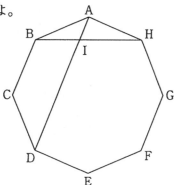

(6)　図のように，平行四辺形ABCDにおいて，辺BCを2：1の比に分ける点をP，辺CDを2：1の比に分ける点をQ，APとBQとの交点をRとする。次の比をもっとも簡単な整数比で答えよ。

① BR：RQ
② (△ABRの面積)：(△CQRの面積)

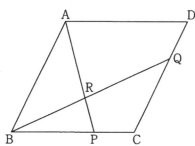

(7)　図のように，中心Oの円上に点A, B, C, D, Eがある。∠BCE＝23°，∠CED＝32°のとき，∠CABの大きさを求めよ。

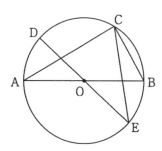

Ⅱ　　空の水槽にA管・B管・C管の3つを使って水を入れる。C管のみを使って空の水槽に水を入れると1時間30分で満水になった。

(1)　はじめにA管のみを使って30分間水を入れた。次にB管のみを使って20分間水を入れたところ水の量は全体の $\frac{1}{3}$ となった。その後，A管とB管の両方を使って水を48分間入れると満水になった。A管のみを使って満水にすると何分かかるか。

(2)　同じ空の水槽に，はじめにA管とB管の両方を使って，同時に水を入れ始めた。途中でC管も使い，A管・B管・C管の3本を使って水を入れた。3本で水を入れてから30分後に満水になった。空の水槽に水を入れ始めてから満水になるまでにかかった時間は何分か。

Ⅲ　　さいころを3回投げる。出た目の数字を順に a, b, c として，2次方程式 $ax^2+bx-c=0$ をつくる。

例：1回目に2，2回目に4，3回目に5が出たときの2次方程式は，$2x^2+4x-5=0$

（1）　$a=1$, $b=3$, $c=4$ のとき，2次方程式を解け。

（2）　方程式が $x=1$ を解にもつ確率を求めよ。

（3）　$a=1$ のとき，方程式が有理数を解にもつ確率を求めよ。

Ⅳ　図のように，放物線 $y=ax^2$ 上に2点A$(-2,\ 2)$，B$\left(3,\ \dfrac{9}{2}\right)$がある。また，放物線上の点C
を通り，直線ABに平行な直線と放物線の交点を点Dとする。

（1）　aの値を求めよ。

（2）　点Cの x 座標を -1 とする。2点B，　Dを通る
　　　直線を ℓ とするとき，直線 ℓ の方程式を求めよ。

（3）　（2）のとき，　直線 ℓ と x 軸との交点をEとし，
　　　点Pを線分BE上にとる。
　　　△ABPの面積と台形ACDBの面積が等しく
　　　なるとき，点Pの座標を求めよ。

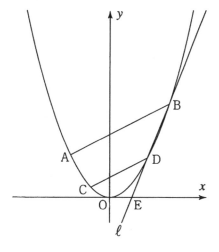

V   1辺の長さが4cmである正四面体ABCDにおいて, 辺AD, BC, CDの中点をそれぞれ
L, M, Nとする。次の問いに答えよ。

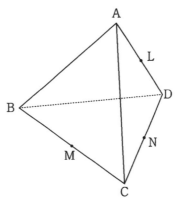

(1) 正三角形BCDの面積を求めよ。

(2) 正四面体ABCDの体積を求めよ。

(3) 3点L, M, Nを通る面で切断したとき,
　　　辺ACを含む立体の表面積を求めよ。

２０１８年度

高校一般入学試験問題

英　語

（50分）

注　意　事　項

◎ 「始め」の合図があるまで中を見てはいけません。

◎ 解答用紙は別になっています。

◎ 解答は全て解答用紙の所定の欄に記入しなさい。

◎ 解答用紙だけ提出し，問題は持ち帰りなさい。

英　語

> Ⅰのリスニング問題は試験開始から数分後におこなう。それまで他の問題を解いていること。

Ⅰ　【リスニング問題】　放送をよく聞いて，A, B の問いに答えよ。

> ※教英出版注
> 音声は，解答集の書籍ＩＤ番号を
> 教英出版ウェブサイトで入力して
> 聴くことができます。

A　　これから読まれる英語を聞いて，その英語が表す語を，それぞれ下のヒントに合うように，与えられた文字を含めて記入せよ。英語はそれぞれ1度だけ読まれる。

(1)　b _ _ _ _ _ _ _ d

(2)　_ a _ _ _ _

(3)　_ a _ _ _ _ _ _ e

(4)　_ _ _ _ o _ _

(5)　_ _ _ _ i _ _

　はじめに英語の対話が読まれ，その後，対話の内容に関する質問が読まれる。質問の答えとして最も適当なものを次のア～エからそれぞれひとつ選び，記号で答えよ。対話と質問はそれぞれ2度読まれる。

(1)　ア　He's playing tennis.
　　　イ　He's going on a trip to England.
　　　ウ　He's studying for some tests.
　　　エ　He's playing soccer every day.

(2)　ア　Riku's cousin.
　　　イ　Riku.
　　　ウ　Yuta's cousin.
　　　エ　Ken.

(3)　ア　They watched games in other countries.
　　　イ　They played a game against Manchester City.
　　　ウ　They played against teams from other countries.
　　　エ　They played a match with England.

(4)　ア　English.
　　　イ　Science.
　　　ウ　Japanese.
　　　エ　Math.

(5)　ア　He will study English and math at home.
　　　イ　He will study science and Japanese in the library.
　　　ウ　He will study science and English at home.
　　　エ　He will study science and math in the library.

Ⅱ 次のA, Bの問いに答えよ。

A 以下の「球技大会に関する案内」を読んで, あとの問いに答えよ。

The Klein's Cup

Hello! We are going to hold the Klein's Cup from Sep. 13th to 15th, 2018. It's the third time for this event. It began in 2014 with only 50 people. The second Klein's Cup was held in 2016. More than 100 people played that year. We are hoping that the third event in 2018 will be bigger than the first two. This year 230 people can play.

We have 4 kinds of ball games — basketball, rugby, baseball, and soccer. You can join more than one event, but if you do, be careful and check the date of the event.

	Date	Place	Cost	Full number of people
Basketball	13th	Red Sharks Arena	300 yen	40
Rugby	14th	Lions Rugby Stadium	350 yen	70
Baseball	14th	Cougars Stadium	350 yen	60
Soccer	15th	Hawks Stadium	250 yen	60

If you are interested in our events, send us an *application form by e-mail. Then, if you want to join with your friends, just write their names on the application form.

If there are too many players, the people who send us application forms the earliest will be able to play. So, please send us an application form as soon as you can. If you have any questions, please send us an e-mail at kleinscup2018@abc.com or please call us at 716-940-000.

Let's enjoy playing lots of sports together!

【注】 application form：申し込み用紙

(1) How much do you need to join both the basketball and soccer games?

  ア 250 yen.
  イ 300 yen.
  ウ 550 yen.
  エ 650 yen.

(2) If you want to join with your friends, what do you need to do?

  ア You need to make a phone call.
  イ You must write the information on the application form.
  ウ You cannot play with your friends.
  エ You have to visit the office with your friends.

(3) Which choice of sports won't you be able to play?

  ア Basketball and rugby.
  イ Rugby and soccer.
  ウ Basketball and soccer.
  エ Rugby and baseball.

(4) What will happen if too many people want to join the Klein's Cup?

  ア Everyone will be able to play after they send an application form.
  イ People who send their forms the most quickly will be able to play.
  ウ People who have never played before can join.
  エ People who played last year can play again.

(5) Which is true about the Klein's Cup?

  ア It has been held twice.
  イ It was held three years ago.
  ウ It was first held in 2016.
  エ It will be held next year, too.

B 以下の路線図の★印の地点にいるジョーダン (Jordan) が，バスケットボールの会場であるRed Sharks Arenaへ行こうとしている。しかし，会場までの行き方がわからず，一緒に試合に出場することになっているショウタ (Shota) に電話をした。以下の英文は，ショウタがジョーダンに会場までの行き方を説明したものである。(1)～(7) に入れるのに最も適当なものを**ア～ク**からそれぞれひとつ選び，記号で答えよ。ただし，同じ記号を2度以上選んではならない。また，**ア～ク**については，文頭にくるものでも，その語頭を小文字にしてある。

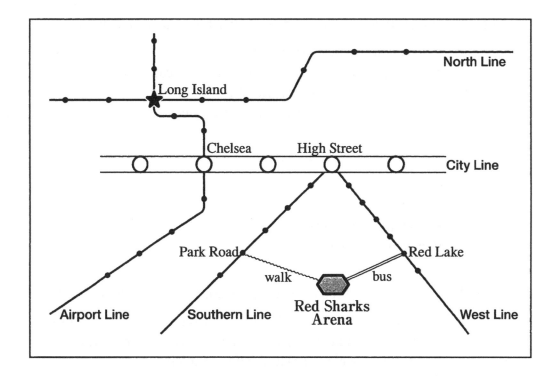

Riku: He's in the soccer club. He loves it! Last year, they went on a trip to England during the spring vacation. They played against some teams from other countries, and they also went to watch a Manchester City match.

Ken: That's cool! I want to join the tennis team.

Riku: Really? I heard the tennis team is really strong.

Ken: Yeah. They are the strongest team in this area. I'm not sure I can become a team member, but I want to practice every day with good players.

Riku: Sounds great, Ken. But do you think you can do well on the entrance test? My cousin Yuta said the English listening was difficult last year.

Ken: English and Japanese are easy for me, but I need to get better at math and science before the test. Actually, I have to go to the library to study my weaker subjects right now!

Riku: OK, Ken. Good luck. I hope your dreams come true!

Ken: Thanks, Riku. Bye!

Questions

(1) Why is Ken busy?

(2) Who goes to Nagoya High School now?

(3) What did the soccer club do in England?

(4) Which part of the test was difficult for Yuta?

(5) What will Ken do now?

答 用 紙　　　　　　（2018高一数学）

(3)

② 　　　　　　：

※

分

※

(3)

※

(3) （　　　　　，　　　　）

※

cm³ (3)　　　　　　　　　cm²

※

※印の欄には何も書き入れないこと。

名

※
得
点

※100 点満点
（配点非公表）

	(4)	(a)	human players'.	※
		(b)	However, I will _____ .	

		(1)	I _____ ,	
IV		(2)	Can I _____ ?	
		(3)	the words in the phone _____ .	※
		(4)	I can _____ .	

受 験 番 号		氏 名	

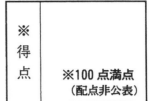

※
得
点

※100 点満点
（配点非公表）

英 語 解 答 用 紙　　（2018高一英語）

I	**A**	(1)				(2)	
		(3)				(4)	
		(5)					
	B	(1)		(2)		(3)	(4)	(5)

※ ☐

II	**A**	(1)	(2)	(3)	(4)	(5)
	B	(1)	(2)	(3)	(4)	(5)
		(6)	(7)			

※ ☐

	(1)	A	B	
		C	(2)	
	(3)	(a)	(b)	
		(c)	(d)	

【解答

数 学 解

	(1)		(2)	$x=$
I	(4)	$a=$		$b=$	$c=$
	(5)	$\angle AIH=$ °	(6)	① :
	(7)	$\angle CAB=$ °		

II	(1)	分	(2)	

III	(1)	$x=$	(2)	

IV	(1)	$a=$	(2)	

V	(1)	cm^2	(2)	

受 験
番 号

2018年度高校一般入試　英語リスニング問題　スクリプト

※教英出版注
音声は，解答集の書籍ＩＤ番号を
教英出版ウェブサイトで入力して
聴くことができます。

I　A

(1) This is at the front of the classroom. We use it to learn new things. The teacher writes on it, and at the end of the day, the students must clean it.

(2) This is the name of a country. It is north of America. The people speak English or French. In winter it is very cold.

(3) This happens a lot in Japan. It is very dangerous. There was a very big one in Japan in 2011. If you feel one, you must cover your head and wait in a safe place until it stops.

(4) This is something we wear to school in Japan. Most students don't have this in America. When we wear this, we can feel we belong to our school.

(5) Sometimes it's scary to go to see this person, but he or she helps us to protect our teeth. We should visit this person once or twice a year.

I　B

Ken: Hi, Riku. How are you doing?

Riku: Hi, Ken. I'm great, thanks! How about you?

Ken: I'm OK, but I'm busy. I'm studying for the high school entrance tests.

Riku: Oh. That's too bad! I did that last year. It was hard work! So what school do you want to go to?

Ken: I want to go to Nagoya High School.

Riku: Nagoya! Wow! My cousin Yuta goes there. He says it's a great school!

Ken: Yeah. Nagoya is really strong at lots of sports, and the students study difficult things. What club is your cousin Yuta in?

First, take the Airport Line and get off at Chelsea. Then [(1)   ]. From there, [(2)   ]. You can take the Southern Line and [(3)   ]. When you arrive there, [(4)   ]. Or, you can choose the West Line from High Street. [(5)   ], and you will get to Red Lake. [(6)   ]. It is about five minutes from there to the arena by bus. The first choice is cheaper than the second, but [(7)   ].

ア change trains and go to High Street
イ don't forget to take the Southern Line
ウ get off at the fourth stop
エ go five stops
オ it takes a little longer to get to the arena
カ you have two choices
キ you must walk for twenty minutes to the arena
ク you will see the bus stop outside the station

III　次の英文を読んで，あとの問いに答えよ。

On June 26, 2017, Japan's youngest *professional shogi player won a match in a tournament. Then he made a new *record, 29 *straight wins. Fujii Sota, 14 years old at that time, said calmly, "I never imagined that I could win 29 straight matches. I feel happy, but at the same time I am very surprised."

A lot of people (　A　) Fujii's *victory. The *prime minister, Abe Shinzo, was one of them. He said, "This victory gives dreams and hope to the Japanese people." Now Fujii has become very famous. Many children want to be like Fujii and have begun to go to shogi schools. Many parents (　B　) their children to be like him and buy them *toys like those he used when he was little.

Habu Yoshiharu is one of the greatest professional shogi players. He also lost a game against Fujii. He says, "I don't know what Fujii's weak points are. He has practiced very hard since he was little, and he also uses computer *software *effectively to improve his skills."

Computers are now changing the world of shogi. *AI shogi programs are becoming so strong these days that it is very difficult for humans to win a game against them. Even older professional players are beginning to understand the power of computers. Some of them are thinking about how to use computers to play better games. But many players still don't like this idea. They think that [　　　　　　　　]. If you want to be a professional shogi player, you will usually find an older professional player to teach you. This is the way shogi players learned in the past, and many still think it is the best. However, now you can practice more with a strong computer, and you don't always have to be with a human *shisho.

Fujii Sota (　C　) to the new generation of professional shogi players. His games are influenced by AI shogi. He doesn't only follow the traditional way. He precisely finds weak points of other players and quickly *attacks them. Fujii says that there are a lot of things that he learns from computers. "They have ideas that humans have never had." He also says, "If you think about how strong today's computers are, humans won't be able to win games against them in the future."

However, if computers are stronger than humans, can the best human professional players be proud of themselves? Fujii's answer is simple. "Computers are really strong, so if I want to be a better player, I must practice in difficult and interesting games with AI."

【注】　professional … プロの　　　　record … 記録　　　straight wins … 連勝
　　　　victory …勝利　　　　　prime minister … 総理大臣　　　　toy … 玩具
　　　　software … (コンピュータの) ソフト　　　effectively … 効果的に
　　　　AI … 人工知能 (artificial intelligenceの略語)　　　*shisho* …師匠　　　attack … ～を攻める

(1)　(A),(B),(C) に入れるのに最も適当なものを, それぞれ下の語群からひと
　　つ選んで記せ。ただし, 必要があれば正しい形に変えて書け。

　　【語群】　belong　　celebrate　　continue　　try　　want

(2)　[　　　] 内に入れるのに最も適当なものをひとつ選び, 記号で答えよ。
　　ア　computers will be more important in the shogi world
　　イ　the traditional shogi culture may be destroyed by AI
　　ウ　the younger generation should learn more skills in shogi
　　エ　they cannot use shogi software effectively

(3)　次の英文が本文の内容に合うように, (　　　) 内にそれぞれ適当な1語を入れよ。ただし,
　　(　　　) 内に記されている文字から書き始めよ。
　　(a)　The prime minister thought that the Japanese people were (g　　　) hope
　　　　by Fujii's 29 straight wins.
　　(b)　Habu thinks that Fujii's shogi skills are almost (p　　　).
　　(c)　Some professional shogi players who know the power of computers think
　　　　that they are (u　　　) for human players.
　　(d)　Fujii's way of playing shogi is not (t　　　).

(4)　次の英文が藤井氏の発言の内容に合うように, (　　　) 内の語 (句) をそれぞれ正しく並
　　べかえよ。

　　(a) Computers are useful because (different / from / is / of / quite / their /
　　thinking / way) human players'. In the future, computers will become stronger
　　and stronger.　(b) However, I will (best / do / make / my / my shogi game /
　　stronger / to).

Ⅳ　フレッド (Fred) と彼の祖母 (Grandma) が対話している。2人の対話が成り立つように, 下線部 (1) ～ (4) の (　　) 内に適当な英語を入れよ。ただし, (1), (3) については, それぞれ (　　) 内に与えられている語 (句) をこの順序ですべて用いよ。また, 必要があれば, 与えられた動詞の形を変えて記入せよ。(2), (4) については, (　　) 内にそれぞれ3語以上の英語を入れよ。

Grandma : I bought a *smartphone last month.

　　Fred : Really? Welcome to our generation! Is this it?

Grandma : Yes, but it is difficult for me to use.

　　Fred : You know how to speak to someone on this phone, right?

Grandma : (1)I (enjoy, talk, friends), but I often call another person by mistake.

　　Fred : You *aren't used to the *touch pad. I also sometimes make the same kind of mistake. What else do you do with this phone?

Grandma : I have got some *applications and games.

　　Fred : Great! (2) Can I (　　　　　　　)?

Grandma : Here you are.

　　Fred : It's cool. Do you send e-mails?

Grandma : Not many. I still cannot *type well on the touch pad. Also, (3) the words in the phone (too, me, read well).

　　Fred : You can make the *letters larger. Wait a minute.... OK, look. How is this?

Grandma : Amazing! (4) I can (　　　　　　　). Thank you, Fred.

　　Fred : You can send and receive more e-mails now.

【注】　smartphone … スマートフォン　　　be used to ～ … ～に慣れている
　　　　touch pad … タッチパッド (触れるだけで指示を入力できる画面)
　　　　application … アプリケーション, アプリ (スマートフォンなどにインストールするソフト)
　　　　type … 文字を入力する　　　letter … 文字

K 教英出版

２０１７年度

高 校 一 般 入 学 試 験 問 題

数 学

（50分）

名古屋高等学校

数　　学

I　　次の問いに答えよ。

(1)　$\dfrac{1}{2}a^2c \div (-2bc) \times (-2abc^2)^2$ を計算せよ。

(2)　$\dfrac{x+11y}{6} - \dfrac{5x-2y}{3} + x - y$ を計算せよ。

(3)　$(2a+b)^2 - (a-3b)^2$ を因数分解せよ。

(4)　$\sqrt{(-2)^4 \times 5} - \dfrac{\sqrt{6}\sqrt{3}}{\sqrt{10}}$ を計算せよ。

(5)　a, b は定数とする。1次関数 $y = ax + b$ があり、$x = 3$ のとき $y = 3$、$x = -9$ のとき $y = -17$ である。定数 a, b の値を求めよ。

(6)　関数 $y = \dfrac{6}{x}$ の x の変域が $-2 \leqq x \leqq -1$ であるとき、この関数の y の変域を求めよ。

(7)　下の図で, 点Oは円の中心である。このとき, ∠CABの大きさを求めよ。

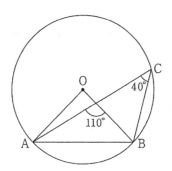

(8)　下の図で正六角形ABCDEFは, 頂点が大きい円の周上の点であり, 辺が小さい円の接線である。大きい円と小さい円の面積の比を最も簡単な整数比で答えよ。

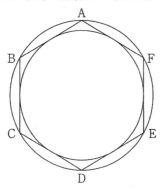

(9)　1から30までの自然数が1つずつ書かれた同じ大きさの30個の玉がある。これらを袋に入れてよくかきまぜ, 1つだけ取り出す。このとき, その玉に書かれた数が素数である確率を求めよ。

Ⅱ　　加藤くんは，分速100ｍで学校のろうかを東端から西端まで歩き，すぐに引き返して同じ速
　　さで西端から東端まで歩く。伊藤くんは，同じろうかを分速120ｍで東端から西端まで歩き，
　　すぐに引き返して分速80ｍで西端から東端まで歩く。2人が同時に東端を出発したところ，
　　伊藤くんは，加藤くんより3秒遅れて東端にもどった。

（1）　学校のろうかの長さは，何ｍか。

（2）　伊藤くんと加藤くんが，歩いている途中で同じ位置にいるのは，歩き始めてから何秒後
　　　と何秒後か。

III　aを正の定数とする。放物線$y＝ax^2$上に点X$(14,98)$がある。図のように，放物線$y＝ax^2$上の，原点から点Xまでの間に点Aをとり，Aを通りx軸に垂直な直線とx軸との交点をHとする。Hの座標は，$(m,0)$とする。また，線分AH上に点Bをとり，Bを通りy軸に垂直な直線とy軸の交点をKとする。ABの長さとBKの長さの和を15とするとき，以下の問いに答えよ。

（1）　定数aの値を求めよ。

（2）　Bの座標をmを用いて表せ。

（3）　線分BKと放物線との交点をPとする。KP：PB＝1：1となるようなmの値を求めよ。

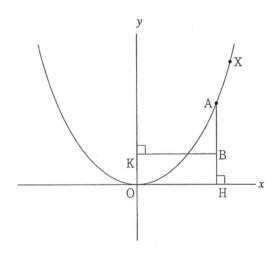

Ⅳ　正五角形ＡＢＣＤＥがあり，対角線ＡＣの長さが6cmである。辺ＤＥの長さを求めたい。以下の空らん（　①　）から（　⑥　）までにあてはまる言葉や式の一部，値を書け。

　　ＤＥ＝x(cm)とする。正五角形であるから，ＡＢ＝ＢＣ＝ＣＤ＝ＤＥ＝ＥＡ＝x(cm)である。対角線ＡＤとＣＥの交点をＦとする。

　　∠ＡＥＤの大きさは（　①　）°である。したがって，∠ＥＤＦの大きさは（　②　）°である。∠ＣＡＦ＝∠ＥＤＦであることにより，ＡＣ∥ＥＤである。

　　同様に考えると，ＡＢ∥ＥＣ，ＢＣ∥ＡＤであるから，四角形ＡＢＣＦは（　③　）であって，ＡＦ＝x(cm)である。ＡＤ＝6(cm)であるから，ＦＤ＝$(6-x)$(cm)である。

　　∠ＣＡＦ＝∠ＥＤＦ，∠ＡＦＣ＝∠ＤＦＥであることにより，△ＡＦＣ∽（　④　）である。このことを用いて，xに関する方程式を立てると，（　⑤　）である。これを解くことによって辺ＤＥの長さを求めると，ＤＥ＝（　⑥　）(cm)である。

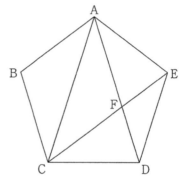

Ⅴ 　一辺の長さが6cmの立方体ABCD−EFGHがある。以下の3つの点の移動は同時に始まる。
点P₁は，点Aを出発して毎秒1cmの速さで辺ABに沿って点Bへ向かう。
点P₂は，点Aを出発して毎秒1cmの速さで辺ADに沿って点Dへ向かう。
点P₃は，点Aを出発して毎秒1cmの速さで辺AEに沿って点Eへ向かう。
6秒が経過したときにすべてが停止する。このとき，以下の問いに答えよ。

(1) 出発してから1秒後の△P₁P₂P₃の面積を求めよ。

(2) △P₁P₂P₃の面積が，△BDEの面積のちょうど半分になるのは，出発してから何秒後か。

(3) (2)のとき，点Aから△P₁P₂P₃に垂線を引き，△P₁P₂P₃との交点をKとする。
　　AKの長さを求めよ。

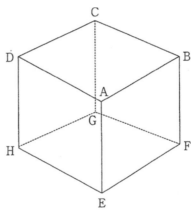

２０１７年度

高 校 一 般 入 学 試 験 問 題

英　語

（50分）

英　語

Ⅰのリスニング問題は試験開始から数分後に行う。それまで他の問題を解いていること。

Ⅰ　【リスニング問題】　放送をよく聞いて，A，B，Cの問いに答えよ。

A　次の英語を聞き，その英語が表す最も適当なものを下の語群の中からそれぞれひとつずつ選べ。解答欄には語群と同じ形で記入すること。

【語群】	vacation	river	supermarket	library	computer
	station	restaurant	bottle	festival	birthday

(1)

(2)

(3)

B　次の英語とそれにつづく質問を聞き，その質問の答えとして最も適当なものをア～エからひとつずつ選び，記号で答えよ。英語と質問はそれぞれ二度読まれる。

(1)　ア　In the old town.
　　　イ　In the park.
　　　ウ　At the shopping center.
　　　エ　On the bus.

(2)　ア　12:30
　　　イ　12:45
　　　ウ　12:55
　　　エ　1:00

※教英出版注
音声は，解答集の書籍ID番号を
教英出版ウェブサイトで入力して
聴くことができます。

(3) ア 30 minutes.
　　イ One hour.
　　ウ One hour and 30 minutes.
　　エ Two hours.

(4) ア Buy some Chinese food.
　　イ Look at the beautiful night view.
　　ウ Go shopping.
　　エ Walk around in groups.

C　次の対話を聞き，その最後の文に対する応答として最も適当なものをア～エからひとつずつ選び，記号で答えよ。対話はそれぞれ二度読まれる。

(1) ア I hope they got a medal.
　　イ No, but they were very close!
　　ウ I want gold in Tokyo.
　　エ He is an amazing runner.

(2) ア That's a great service.
　　イ That's a lower price.
　　ウ That's too expensive.
　　エ That's not a better one.

(3) ア Yes, I used my phone.
　　イ Because it was sunny every day.
　　ウ Yes, sounds like fun.
　　エ No, I really want to go there too.

Ⅱ 次のＡ「学校掲示板の掲示物」，Ｂ「Ａを見た３人によるオンラインチャット」を読んで，あとの
設問に答えよ。

A

Volunteers Wanted

Volunteers are needed for the Heartville Park Festival. The festival will be held from August 28th to 30th in Heartville City.

Volunteers will work for three hours on the first morning or the last evening. Working time: August 28th, 7am-10am / August 30th, 5pm-8pm.

All volunteers will get a 'volunteer card'. If you put this special card in the drinks machines in the park, you can get free drinks. This card can be used only on the second day of the festival. We will send it to your home a week before the festival.

Date	Working Area	Jobs
28th	Car Park	Guide cars and bicycles in and out. Volunteers in this area must be over 18 years old.
28th	Main Entrance	Collect tickets from customers and write the date on the back of their hand.
28th	Cafeteria	Make food and drinks for volunteers after they finish their work.
28th	Cleaning Office	Clean around the festival place.
30th	Car Park	(the same as the 28th)
30th	Main Entrance	Check the total number of tickets collected. Report the number to the festival office.
30th	Cafeteria	(the same as the 28th)
30th	Cleaning Office	Put the plastic into blue bags and food and paper into red bags.

If you're interested in this and want to have fun doing it, visit our website at www.heartvilleparkfes.com. Give us your information and choose two working areas. If you have any questions, call our office at 678-543-xxx. See you at the festival!

B

August 10th, Wed.

KATE [10:35am]

Jack, volunteer work at the festival sounds interesting. Do you want to do it with me?

JACK [10:38am]

Hi, Kate. I thought you and I were going to the beach that weekend.

Hiroko [10:40am]

I visited their website and decided to join. What area do you want to work at, Kate?

KATE [10:41am]

The Main Entrance. I wanted to work at the car park, but I won't be able to do that because I'm too young. What about you, Hiroko?

Hiroko [10:45am]

The e-mail I received from them yesterday says that I will work in the cleaning office on the last day. I called the office just now because I wanted to change my working date, but they said all the work on the first day is full.

KATE [10:46am]

Well, my second choice will be different from the one you chose. We can share our experience after the festival.

Hiroko [10:50am]

Good idea.

JACK [10:55am]

Hey, girls, wait! I changed my mind. Let me in!

(1) How many days will the Heartville Park Festival continue? Choose the best from ア to エ.

    ア One day.
    イ Two days.
    ウ Three days.
    エ Four days.

(2) Which is true about the special card that volunteers will get? Choose the best from ア to エ.

    ア All the volunteers must buy the card.
    イ Volunteers can use the drinks machine without paying money for one day during the festival.
    ウ If volunteers use the card, they can get food to eat.
    エ Volunteers can get it on August 29th.

(3) Which is NOT true about volunteers who will work at the festival? Choose the best from ア to エ.

    ア Volunteers will not work on the second day.
    イ Volunteers working at the car park should be over 18 years.
    ウ Volunteers working at the main entrance will put a mark on the customers.
    エ Volunteers can join if they call the festival office.

(4) What does Jack probably mean when he says "Let me in!" at the end? Choose the best from ア to エ.

    ア Jack wants to join Kate and Hiroko.
    イ Jack wants to enter the festival as a customer.
    ウ Jack isn't interested in volunteer work at the festival.
    エ Jack is interested in going to the beach.

What time should the students be on the bus?

 (ア) 12:30

 (イ) 12:45

 (ウ) 12:55

 (エ) 1:00

How long will the students be in the museum?

 (ア) 30 minutes

 (イ) one hour

 (ウ) one hour and 30 minutes

 (エ) two hours

What can the students do before getting on the boat?

 (ア)buy some Chinese food.

 (イ)Look at the beautiful night view.

 (ウ)go shopping.

 (エ)Walk around in groups.

ction C

Did you watch the men's 100 meters at the Rio Olympics?

Yes I did! Usain Bolt is really fast! He got a gold medal.

Did you see the Japanese Rugby team?

No. Did they get a medal?

) I hope they got a medal.

) No, but they were very close.

)I want gold in Tokyo.

)He is an amazing runner.

Excuse me I'm looking for a tennis racket.

Ok. We have many rackets in the store.

Do you have one for about 100 dollars?

No. I'm sorry but we don't have any at that price. This one is 200 dollars.

(ア) That's a great service.

(イ) That's a lower price.

(ウ) That's too expensive.

(エ) That's not a better one.

3)

A: I've just been to London on holiday.

B: Really! How was the weather?

A: Not so good but we had a great trip.

B: Did you take any pictures?

(ア) Yes. I used my phone.

(イ) Because it was sunny every day.

(ウ) Yes, sounds like fun.

(エ) No, I really want to go there too.

用 紙　　　　　　　　（2017高一数学）

	(3)	
	(6)	
	(9)	

※

秒後　　と　　　　　　秒後

※

）	(3)	$m=$

※

。	③	
	⑥	cm

※

秒後	(3)	cm

※

※印の欄には何も書き入れないこと。

※ 得 点	
	※100 点満点 （配点非公表）

名

	(1)	The Bears got the three.
IV	(2)	... , Paul on Friday.
	(3)	... that the price of rice .

V	Because we can
	....
	.

受 験 番 号		氏 名	

※
得
点

※100 点満点
(配点非公表)

K 教英出版

英　語　解　答　用　紙

I

A	(1)		(2)		(3)
B	(1)	(2)	(3)	(4)	
C	(1)	(2)	(3)		

※

II

(1)	(2)	(3)	(4)
(5) ア	イ	ウ	

※

III

(1)	(2) ①	②	③
(3)			
(4)			

数　学　解

I	(1)		(2)	
	(4)		(5)	$a=$
	(7)	°	(8)	:

II	(1)	m	(2)	

III	(1)	$a=$	(2)	(,

IV	①	°	②	
	④		⑤	

V	(1)	cm²	(2)	

受　験
番　号

【解答

※教英出版注
音声は，解答集の書籍ＩＤ番号を
教英出版ウェブサイトで入力して
聴くことができます。

Listen to the English. Choose the correct word from the box.

vacation	river	supermarket	library	computer
station	restaurant	bottle	festival	birthday

1) This carries a lot of water. It starts near the top of the mountain and runs into the sea.

2) You must be quiet in this place. You can borrow things from here but you can't buy anythir

3) This is a great chance to relax. You can go to the sea or the mountains in Japan, or even vi a foreign country. You don't need to go to school or work.

Section B

Ok boys and girls. Are you listening carefully? I hope you had a good morning. Did you enj walking around the old town in groups? I'm happy that you are safe and no one was late.

As you know, this afternoon, we are going to visit the earthquake museum. Please try to learn much as you can because when you get back to school you will give presentations to the first gra students.

Now it's 12:30. Don't worry. You still have time to finish your lunch here in the park but the b will leave from the car park over there in thirty minutes. You must be on the bus five minut early. The bus to the museum will take twenty minutes. We will be inside the museum from 1: to 3:30.

After the museum we will go to the shopping center by train. There will be some time for a lit shopping before we get on the boat at 6:00pm. I think you will enjoy the boat ride tonight. T town looks beautiful at night and the Chinese food is delicious!

Ok, don't be late for the bus.

Questions

1) Where are the students now?

    (ア) In the old town.

    (イ) In the park.

    (ウ) At the shopping center.

    (エ) On the bus.

(5) What will Kate write after she decided to join?
   Write words or numbers in ア,イ and ウ.

Information

Name : <u>Kate Glover</u>　　　Age : <u>16</u>

Address : <u>1-23, Bexhill town, Heartvilles</u>

E-mail address : <u>happykate527@nmail.com</u>

Working Area / Date

1st Choice : _____ア_____/_____ウ_____

2st Choice : _____イ_____/_____ウ_____

Ⅲ 次の英文はアメリカ合衆国大統領, バラク・オバマが銃の規制について述べたものである。英文を読んで, あとの設問に答えよ。

I'll tell you a story (a)that shows how I see the problems of guns. In 2007 and 2008, while I was *campaigning, I lived in Chicago. I love my city, but every week there's a young person ①(get) shot. Some are gang members and some are *innocent victims. Sometimes it happens near my house. The people who live near my house are all nice, but some of them have had the sadness of ②(lose) somebody because of guns.

My wife and I were campaigning in Iowa, and were going to many farms. One day, she turned to me and said, "If I live in a farmhouse far away from the *sheriff's department and somebody I don't know ③(come) up to my house, I want to hold a gun. I want to make sure (b)that my family is safe." I think she was right.

The problem of guns is very difficult because people live in different places. There are many people who follow the rules on guns, so I understand the right to ④bear arms. I cannot say no to people who want a gun to protect themselves, but there's ⑤a dangerous reality. In some places in this country, it is easier for 12-or 13-year-old children to buy a gun than it is for them to get a book. I believe ⑥(something / have / is / care / of / we / to / this / take).

All of us can agree (c)that we should do everything we can to keep guns out of the hands of people who try to kill others. We're losing 30,000 people to guns every year. Hundreds of children are dying. Don't you think we have to do something about guns? If we take (d)that number from 30,000 down to 28,000, 2,000 families don't have to have the same problem as the families in *Newtown, San Bernardino or Charleston.

I don't think we need to take away everybody's guns. I just want to make our lives safer if we can. The number of road traffic victims has gone down during my lifetime. We learned (e)that seat belts really worked to protect a person in a car, so we made new rules for people to wear seat belts. We can do ⑦the same with guns. It's time to make life better and safer for all Americans.

【注】 campaign … 選挙運動をする
innocent victims … 罪のない犠牲者
sheriff's department … 保安官事務所
Newtown, San Bernardino, Charleston …いずれも銃の暴力による悲劇が起こった町

（1） 下線部(a)～(e)を用法・働き別に分けた場合，その組み合わせとして適当なものを次のア～エからひとつ選び，記号で答えよ。

　　ア　(a) － (b)(c)(e) － (d)
　　イ　(a)(b) － (c)(d) － (e)
　　ウ　(a) － (b)(c) － (d)(e)
　　エ　(a)(d) － (b) － (c)(e)

（2） 下線部①, ②, ③を適当な形にせよ。

（3） 下線部④とほぼ同じ意味のものを次のア～エからひとつ選び，記号で答えよ。

　　ア　have guns
　　イ　move hands
　　ウ　keep rules
　　エ　hunt

（4） 下線部⑤の内容を日本語で説明せよ。

（5） 下線部⑥を並べかえ，英文を完成せよ。

（6） 下線部⑦の内容を日本語で説明せよ。

IV　次のそれぞれの英文が成り立つように，空所に適当な英語の語句を書け。

(1) The Stars got fewer points than the Bears but more points than the Kings.
The Bears got ＿＿＿＿＿＿＿＿＿＿＿ the three.

(2) Paul read five pages on Sunday, ten pages on Monday, and twenty pages on Tuesday.
If he goes on reading like this, Paul ＿＿＿＿＿＿＿＿＿＿ on Friday.

(3) Rice does not grow well in cold weather.　This summer is very cold.
You can think that the price of rice ＿＿＿＿＿＿＿＿＿＿.

V　次の英文は先生と小学生になったばかりのJohnとの対話である。文脈に合うように空所を埋め，対話を完成させよ。ただし，下に記した語句をすべて入れること。

Teacher : John, which is nearer to us, Australia or the moon?
　John : The moon.
Teacher : That's wrong, John.　Why do you say so?
　John : Because we can ＿＿＿＿＿＿＿＿＿＿＿＿＿．

the moon	from here	Australia

２０１６年度

一 般 入 学 試 験 問 題

数　　学

（50分）

名古屋高等学校

Ⅰ　次の問いに答えよ。

(1)　$\left(-\dfrac{1}{2}x^2y^3\right)^3 \times \left(-\dfrac{4}{3}x^2y\right) \div \dfrac{1}{9}x^5y^3$　を計算せよ。

(2)　$\dfrac{1}{2}(a-b)^2 + \dfrac{1}{3}(b-a)(a+b)$　を計算せよ。

(3)　$(x+3)^2 + 5(x+3) + 6$　を因数分解せよ。

(4)　次の連立方程式を解け。

$$\begin{cases} (x-1):(y+5)=2:3 \\ 2x-3y=2 \end{cases}$$

(5)　関数$y=x^2$のグラフと，関数$y=-2x+15$のグラフが交わる点の座標をすべて求めよ。

(6)　ある学校の1組から9組で大なわとびを行ったところ，とんだ回数は次のようになった。
　　この資料について，中央値と最頻値を求めよ。

　　　　11，7，14，7，20，18，7，18，9

(7)　座標平面上に，2点A(1, 0)，B(5, 0)がある。さいころを2回振り，最初に出た目をm，
　　2回目に出た目をnとし，点C(m, n)をとる。△ABCが直角三角形になる確率を求めよ。
　　ただし，さいころの目は1から6で，どの目も同じ確率で出るものとする。

(8)　図のように，正六角形に2本の平行線が交わっている。
　　このとき，$\angle x + \angle y$の大きさを求めよ。

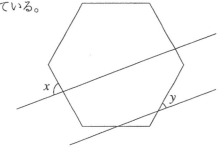

(9)　図は，長方形ABCDを，頂点Bが対角線BD上にくるように折り返し，BDと重なった点を
　　E，折り目の辺BC上の点をFとしたものである。AB＝3cm，AD＝6cmのとき，△ABF
　　の面積を求めよ。

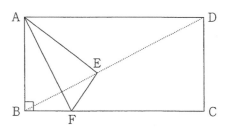

Ⅱ　　X地点からY地点までの一本道がある。A君はX地点，B君はY地点をそれぞれ午後3時ちょうどに出発し，途中のZ地点ですれ違った。このとき，次の問いに答えよ。

（1）　A君は，Z地点までは時速4km，それからは時速6kmで歩き，Y地点に午後3時50分に着いた。X地点からY地点までの距離を$x$km，X地点からZ地点までの距離を$y$kmとするとき，yをxで表せ（$y=$の形にして，最も簡単な式で表すこと）。

（2）　B君はY地点からX地点まで同じ速さで歩き，X地点に午後4時ちょうどに到着した。
　　　（1）のとき，xの値を求めよ。

（3）　（2）のとき，A君とB君が出会った時刻を求めよ。

H28. 名古屋高
K 教英出版

Ⅲ　図のような三角柱があり，AB＝AC＝8 cm，AD＝10 cmである。
　　　また，∠CAB＝∠FDE＝90°である。このとき，次の問いに答えよ。

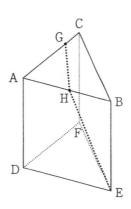

(1)　この三角柱の体積を求めよ。

(2)　辺AC上に，AG：GC＝3：1となる点Gをとる。
　　　また，辺AB上に，線分GHと線分HEの
　　　長さの和が最小になるように点Hをとる。
　　　このとき，線分AHの長さを求めよ。

(3)　(2)のとき，線分GHと線分HEの長さの和を求めよ。

Ⅳ　次の問いに答えよ。

（1）　正の数 P が, 整数 x を用いて P＝3(2x－5)という式で表されている。
　　　P が素数のとき, x の値を求めよ。

（2）　正の数 Q が, 整数 x を用いて Q＝x^2－16x＋55という式で表されている。
　　　Q が素数のとき, x の値をすべて求めよ。

H28.名古屋高
Ⓚ 教英出版

V　図は，関数 $y=\dfrac{k}{x}$（ k は正の定数）の，$x>0$ の部分のグラフである。これについて，次の問い
に答えよ。

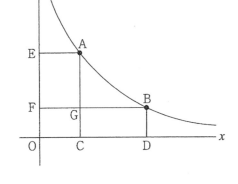

(1)　この関数について，(　　) に当てはまる
　　最も適する言葉を答えよ。

　　y は x に（　　　　　　　　　）している。

(2)　次の関数の説明について，正しいものを
　　選び，番号を答えよ。

　　　y が x の関数であるとは，

　　① y の値を決めると，それに対応して x の値がいくつか決まる関係
　　② y の値を決めると，それに対応して x の値が1つしか決まらない関係
　　③ x の値を決めると，それに対応して y の値がいくつか決まる関係
　　④ x の値を決めると，それに対応して y の値が1つしか決まらない関係

(3)　グラフ上の2点 A，B から，x 軸に垂線を下ろし，x 軸との交点をそれぞれ C，D とする。
　　同様に y 軸にも垂線を下ろし，y 軸との交点をそれぞれ E，F とする。
　　AC と BF の交点を G，辺 AG，辺 BG と曲線 AB とで囲まれた部分の面積を S，
　　四角形 GCDB の面積を T，四角形 EFGA の面積を R，四角形 OCGF の面積を U とする。
　　$S+U=3$ のとき，$S+R$ を k と T で表せ。

２０１６年度

一般入学試験問題

英　語

（50分）

英　　語

Ⅰのリスニング問題は試験開始から数分後に行う。それまで他の問題を解いていること。

Ⅰ　【リスニング問題】　放送をよく聞いて，A，Bの問題に答えよ。

<u>A</u>　それぞれの問いについて対話を聞き，最後の発言に対する相手の応答として最も適当なものを，(a) ～ (d) の中から1つ選び，記号で答えよ。対話文は2回読まれる。

(1)　(a)　Because I don't like the color.
　　　(b)　Because it's not mine.
　　　(c)　You're welcome.
　　　(d)　Thank you, I will.

(2)　(a)　Thank you anyway. See you then.
　　　(b)　But it's free. I have a ticket for you.
　　　(c)　Great. I'll meet you at Ozone station.
　　　(d)　OK! Thirty dollars, please.

(3)　(a)　Would you like to go?
　　　(b)　Thanks, I'll take this train.
　　　(c)　OK, great. I'll get on that train.
　　　(d)　Do you know what time it leaves?

(4)　(a)　Could I have your name, please?
　　　(b)　Do you want to take a message?
　　　(c)　Do you know his home number?
　　　(d)　Do you want to wait for him?

※教英出版注
音声は，解答集の書籍ID番号を
教英出版ウェブサイトで入力して
聴くことができます。

B 　学校の先生から文化祭についての話が放送され，その後に英語の質問と選択肢 (a)～(d) が放送される。話の内容に合うものをそれぞれ (a)～(d) から1つ選び，記号で答えよ。質問と選択肢はそれぞれ2回読まれる。

(1)

(2)

(3)

(4)

Ⅱ　次の会話と右ページの地図を読んで, あとの問題に答えよ。

Hiroshi : Hey Peter, it's me. I've just arrived at the restaurant. Where are you? It's only a five-minute walk from the station. I didn't see you on the way here. It's already 8 o'clock! I'm so hungry.

Peter : Hey, I've been looking for you for about an hour. I don't really know where I am. Let me see. I can see a big sign.

Hiroshi : A big sign? What are you talking about?

Peter : It's a big sign near the post office. It has a picture of two men and a woman.

Hiroshi : Anything else? I'm still not sure where you are.

Peter : It's dark outside. Let me look at the sign again. I think they are outside. Wait a minute. Yeah, they are outside by the sea.

Hiroshi : That doesn't help. Can you see anything else near you?

Peter : Actually, let me tell you how I got here. From the station, I walked to the traffic light that I could see from the station and turned right on Park Street. Then, I turned right at the next corner and after that, I turned left back on South Street. There, I noticed I came the wrong way because I was in front of the bank.

Hiroshi : Wow, you are so far from the restaurant.

Peter : I know! I tried to find the restaurant again. I turned left at the next street, and walked north to the traffic light. I am at this place now: near the big sign by the post office.

Hiroshi : OK, I know where you are. I worked at the coffee shop across from that post office. From there, it's easy. Walk west on King Street and turn left on High Street. Go south on High Street until you find the first traffic light and a bakery on your left, right after the police box. Then, turn right and walk one block. After you turn left at the first corner, you'll see the restaurant on your left.

Peter : All right. See you then. Bye.

H28. 名古屋高
K 教英出版

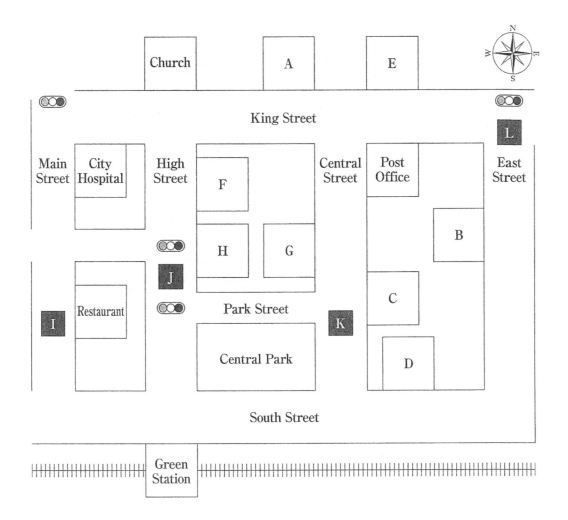

Church　　　A　　　E

N
W　　E
S

King Street

L

Main
Street

City
Hospital

High
Street

F

Central
Street

Post
Office

East
Street

H

G

B

J

C

I

Restaurant

Park Street

K

Central Park

D

South Street

Green
Station

(1) Which sign was Peter looking at?

(a)

(c)

(b)

(d)

(2) Who came to the station earlier?

(a) Hiroshi did.

(b) Peter did.

(c) Hiroshi and Peter arrived at the same time.

(d) Hiroshi and Peter haven't arrived at the station yet.

(3) What time are they talking on the phone?

(a) Before 8 a.m.

(b) At 8 a.m.

(c) Before 8 p.m.

(d) At 8 p.m.

(4) Where is the bank on the map?

(a) A

(b) B

(c) C

(d) D

K 教英出版

(b) Thanks, I'll take this train.

(c) OK, great. I'll get on that train.

(d) Do you know what time it leaves?

(4)

A: Hello, is this Mr. White?

B: I'm sorry. He won't be back in the office today. He is already back home. May I ask who is calling?

A: This is Tom, his student. I really must speak to him.

(a) Could I have your name, please?

(b) Do you want to take a message?

(c) Do you know his home number?

(d) Do you want to wait for him?

B

学校の先生から学際についての話が放送され、その後に英語の質問と選択肢
（a）〜（d）が放送される。話の内容に合うものをそれぞれ（a）〜（d）から
1つ選び、記号で答えよ。質問と選択肢はそれぞれ2回読まれる。

OK, everyone listen carefully. It's already the 18th. The school festival starts on Saturday the 21st, so we have today, tomorrow, and Friday. Let's do our best! Our dance performance is not yet perfect. We have lots of work. So let's get started.

Today, we will finish the classroom design. We must move the desks and chairs to the gym. You boys from the baseball team, please do that. Next, we need a good design for the blackboard. The art club students can do this job. All other students, please make two more groups. One group can clean the inside of the classroom, and the other group can clean the outside. OK? We don't have time to practice today.

On Thursday, let's practice our dance. School finishes at 4:00, so we can start at 4:30. We have to finish by 7:00, so we don't have much time tomorrow.

On Friday, there aren't any classes. We have all day to prepare. In the morning, we'll practice once, make the stage, and have lunch. In the afternoon, we have lots of time to practice. Let's get first prize in the school festival! There is a lot of work, so let's start!

① What day is it when the man is speaking?

(a) It is Wednesday.
(b) It is Thursday.
(c) It is Friday.
(d) It is Saturday.

② How many groups did the teacher make.

(a) He didn't make any groups.
(b) He made two groups.
(c) He made four groups.
(d) He made groups every day.

③ How long can the students practice after school on Thursday?

(a) All day.
(b) A little in the morning and all afternoon.
(c) From 4:00 to 7:00
(d) From 4:30 to 7:00

④ What are they going to do on Friday?

(a) Prepare the classroom.
(b) Practice only in the morning.
(c) Practice only in the afternoon.
(d) Practice in the morning and the afternoon.

用 紙

	(3)	

)		

	(7)	

| cm² | | ※ |

| | (3) 午後 | 時 | 分 | ※ |

| cm | (3) | cm | ※ |

| | | ※ |

| | (3) $S+R=$ | | ※ |

※ 得 点	※100 点満点 （配点非公表）

※印の欄には何も書き入れないこと。

名	

Ⅳ	(1)	
	(2)	
	(3)	People in India
	(4)	The curry in the world.

※

受 験 番 号		氏 名	

※
得
点

※100 点満点
（配点非公表）

H28. 名古屋高

K 教英出版

英 語 解 答 用 紙　　（2016高一英語）

I	A	(1)		(2)		(3)		(4)	
	B	(1)		(2)		(3)		(4)	

※

II	(1)		(2)		(3)		(4)	
	(5)		(6)		(7)		(8)	

※

III	(1)		....
	(2)	② phones are	
		③ so people	

| | 前 | 不要語 | 後 |

数 学 解

I	(1)		(2)		
	(4)	$x=$　　　　　, $y=$	(5)	(　　　,　　　),(	
	(6)	中央値　　　　　　　最頻値			
	(8)	度	(9)		

II	(1)	$y=$	(2)	$x=$	

III	(1)	cm^3	(2)		

IV	(1)	$x=$	(2)	$x=$	

V	(1)		(2)		

受　験	
番　号	

<Listening Script>

A

※教英出版注
音声は，解答集の書籍ＩＤ番号を
教英出版ウェブサイトで入力して
聴くことができます。

それぞれの問いについて対話を聞き、最後の発言に対する相手の応答とし
て最も適切なものを、（a）〜（d）の中から１つ選び、記号で答えよ。
対話文は２回読まれる。

(1)

A: Excuse me, do you have this in my size?

B: Yes, I think so. How about this?

A: Well, I don't like that color.

B: OK. Why don't you try this one?

(a) Because I don't like the color.

(b) Because it's not mine.

(c) You're welcome.

(d) Thank you, I will.

(2)

A: Would you like to go to the concert with me?

B: Which concert?

A: The concert this Friday at Nagoya Dome.

B: No, that one is too expensive.

(a) Thank you anyway. See you then.

(b) But it's free. I have a ticket for you.

(c) Great. I'll meet you at Ozone station.

(d) OK! Thirty dollars, please.

(3)

A: Is this the train for Okazaki?

B: No, that train has already left. This is the train for Inuyama.

A: Oh, really. I need to go to Okazaki.

B: OK, the next train to Okazaki leaves in 20 minutes, at 3:20.

(a) Would you like to go?

(5) Where is the coffee shop on the map?

  (a) E
  (b) F
  (c) G
  (d) H

(6) Where was Peter when Hiroshi arrived at the restaurant?

  (a) I
  (b) J
  (c) K
  (d) L

(7) What are Hiroshi and Peter going to do?

  (a) They are going to have a meal.
  (b) They are going to watch a movie.
  (c) They are going to work at the coffee shop.
  (d) They are going to go to the post office.

(8) Which is the view from J on the map?

(a)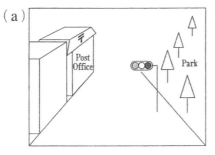

(c)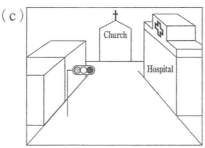

(b)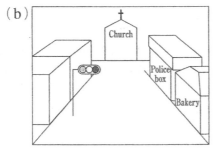

(d)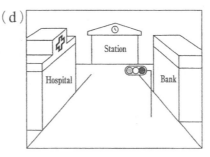

III　次の英文を読み，あとの問題に答えよ。

　　The first *mobile phone call was made in New York in 1973, but it was ten years before you could buy a mobile phone in a shop.　In 1985, you could buy one in the UK for about *£2,000.　It was as big as a *laptop computer, and it only had enough power for twenty minutes of *conversation.　Also, ①with these early phones it was very easy for someone with another phone to listen to your conversations.　But they still became popular with rich young working people.

　　In the early 1990s, mobile phones *suddenly started to become very popular.　The change happened because people started to use mobile phones not just for work, but to talk to their family and friends.　People's idea of a telephone started to change.　In the past, a phone number was something that belonged to a place: a house, a restaurant, a business.　Now, ②phones are (with / people / that / carry / things / them), and the number belongs to the person, not the place.　Today, it is difficult to talk about the number of users in the world because it is changing so quickly.　In 2004, the number passed 1 *billion; it passed 2 billion only two years later, in 2006.

　　In the late 1990s, people started using their phones to send text messages.　In 2000, 17 billion messages were sent in the world; in 2001, 250 billion messages were sent; in 2004, 500 billion.　That is 100 messages for every person in the world!　Text messages use their own kind of language.　Long text messages are not easy to send or read, ③so people (to / ways / make / find / them / shorter).　For example, a message in English can say 'RUOK?' (Are you OK?), or 'B4' (before).　This way, you can send a message in just a few letters and numbers: for example, 'CU L8R 4 T' (See you later for tea).

　　Mobile phones have changed the lives of people all over the world.　In the past, you could only call friends when they were (　④　), but now they can be in any place when you speak to them.　Many people are now using mobile phones to make their lives better.

　　Sometimes, a mobile phone can save your life.　⑤In 2005, a British scientist called John Gillatt was staying at a hotel in Malaysia and was decided to go for a short walk in the *jungle, but there he got lost.　For two days, he tried to get back to the hotel, but he couldn't get out of the jungle.　In the end, he called his wife in England.　She *contacted his hotel and they called the police.　They started to look for Mr. Gillatt, but it took another three days to find him.　During that time, he stayed in contact with the police and his family by phone.　When the police found him, he was tired, hungry, and thirsty, but *alive.　He believes that the text messages of love from his family in England helped him to stay alive.

But mobile phones make problems too. Some people are worried that phones are bad for people's health, and they are not happy that more and more young children are using them. Mobile phones also make the roads more dangerous, because people use them while they are driving.

There are many problems with mobile phones, but the number of users continues to grow. There will *probably be 4 billion in the near future. And people are using their phones for more and more different things: watching TV and videos, text messaging, and shopping on the Internet. *It seems that nothing can stop the mobile phone.

[出典] Davies, Paul A. "Mobile Phones." *Information Technology.* Oxford UP, 2008.
　　　　（設問の都合上, 文章の一部に変更がある）

【注】　mobile … 携帯式の　　　　£2,000 … 当時の日本円に換算すると約５７万円
　　　　laptop computer … ノートパソコン　　　conversation … 会話　　　suddenly … 突然
　　　　billion … 10億　　　jungle … ジャングル　　　contact … ～と連絡を取る、連絡
　　　　alive … 生きている　　　probably … おそらく　　　It seems that... … ～のように思える

(1)　下線部①を日本語にせよ。

(2)　下線部②と③について, 本文の内容に合うように, (　　) 内の語句を正しい順序に並べかえよ。

(3)　(　④　) にあてはまる最も適当なものを, 次の (a) ～ (d) の中から1つ選び, 記号で答えよ。
　　(a)　free　　　(b)　out　　　(c)　at home　　　(d)　in need

(4)　下線部⑤について, この文には文法上取り除かなければならない語が1語ある。取り除かなければならない語と, その前後の語をそれぞれ1語で答えよ。

(5) 本文の内容と一致するものを，次の (a) ～ (i) の中から2つ選び，記号で答えよ。

　(a) The first mobile phone was sold in New York in 1973.

　(b) With mobile phones from 1985 you couldn't talk for half an hour.

　(c) In the early 1990s, people started to use mobile phones only for work.

　(d) In 2004, about 1 billion text messages were sent in the world.

　(e) Every person in the world sent about 100 text messages a day in 2004.

　(f) Today's mobile phones are more expensive than those of the 1980s.

　(g) Mr. Gillatt was lost in the jungle for five days until he was found by the police.

　(h) It is easy to make a phone call while you are driving a car.

　(i) Today, there are a lot of people who cannot stop using their mobile phones.

H28. 名古屋高
K 教英出版

Ⅳ　次の会話の下線部を，あとに続く条件に従って英語に直せ。ただし，語数指定は指定語を含み，短縮形は1語と数える。

女の子4人が真由美の家でカレー (curry) を作ることになった。

真由美：さてと，食材は揃ったし，さあ，作りましょう。ジャガイモとニンジンとカレールウと…
　　　　あ！(1) タマネギ (onion) を買い忘れたわ！
　　　　由香，悪いんだけど前のスーパーに買いに行ってくれない？
由　香：すぐに行ってくるわ。ちょっと待ってて。
理　恵：二人は，カレーを作ったことがあるの？
真由美：浩のために，毎日おいしい料理を作ってるから，当然あるわよ。
裕　子：へー，大変ね。(2) 私は一度もないの。
理　恵：えっ，裕子，カレーだよ。小学生でも作るよ。
裕　子：そんなこと言ったって… 作る機会もないし… じゃあ，ここで，二人にクイズね。カレーってどこが発祥の地か知ってる？
理　恵：そんなの簡単よ。インド (India) じゃないの？
裕　子：テレビで見たけど，発祥はインドだけど，(3) インドではカレーと呼ばれてないのよ。
理　恵：そうなの？
裕　子：もともとインドではいろいろなスパイスを混ぜて作っていた料理があって，それをポルトガル人が自分の国に持って帰ったところ，その料理の中に「カリ」っていうスパイスが入っていて，それが，今の「カレー」っていう呼び名になったって，その番組では言ってたわよ。
理　恵：すごーい。裕子，豆知識，すごーい。
裕　子：また〜。理恵はすぐ茶化す。
理　恵：まっ，知識がどれだけあっても，作ったことがなければね〜。
　　　　(4) 私が作ったカレーは世界一おいしいわよ。
真由美：はいはい，二人とも，知識は裕子，料理は理恵。これでいいじゃない！

［条件］

(1)　some を使って6語で書く。

(2)　5語で書く。

(3)　People in India で書き始める。

(4)　The curry で書き始めて，in the world で終わり，12語で書く。

２０１５年度

一 般 入 学 試 験 問 題

数　学

(50分)

名古屋高等学校

数　　学

Ⅰ　次の問いに答えよ。

(1) $\left(-6x^2y^3\right)^2 \div \left(-\dfrac{1}{2}x^7y^4\right) \times \dfrac{1}{8}x^3$ を計算せよ。

(2) $x = \dfrac{\sqrt{3}+\sqrt{5}}{10}$, $y = \dfrac{\sqrt{5}-\sqrt{3}}{10}$ のとき, $x^2 + 2xy + y^2$ の値を求めよ。

(3) 連立方程式 $\begin{cases} \dfrac{x+y}{xy} = 5 \\[2mm] \dfrac{4}{x} - \dfrac{3}{y} = 6 \end{cases}$ を解け。

(4) $\dfrac{35}{24}$, $\dfrac{25}{18}$ のどちらにかけても自然数となるような分数のうち, 最小のものを求めよ。

(5)　1から6までの目が出る大, 小の2つのさいころを同時に投げる。大きいさいころの出た目の数をa, 小さいさいころの出た目の数をbとするとき, $a+b$が素数である確率を求めよ。ただし, どちらのさいころも1から6までの目が出る確率はすべて等しいものとする。

(6)　右の図において, $\angle x$の大きさを求めよ。

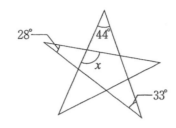

(7)　右の図は, AB＝ACである二等辺三角形ABCである。点Dは辺AC上にあり, 点Eは辺BC上にある。AB＝6cm, BC＝4cm, BC＝BD, DC＝DEであるとき, 線分CEの長さを求めよ。

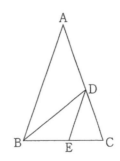

(8)　右の図は, 半径5cmの3つの円が交わり, 交点A, B, Cがそれぞれの円の中心になっている図である。このとき, 影をつけた部分の面積を求めよ。

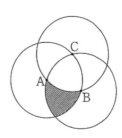

Ⅱ　　　1辺の長さが2cmである正八面体がある。このとき, 次の問いに答えよ。

（1）　正八面体の辺の数を答えよ。

（2）　正八面体の表面積を求めよ。

（3）　正八面体の体積を求めよ。

H27. 名古屋高
K 教英出版

Ⅲ　　容器の中に，濃度12％の食塩水が30g入っている。容器からxgの食塩水を取り出し，そのかわりに容器にxgの水を入れてよくかき混ぜた。さらに容器から$3x$gの食塩水を取り出し，そのかわりに容器に$3x$gの水を入れてよくかき混ぜたところ，容器には5％の食塩水ができた。このとき，次の問いに答えよ。

（1）　最初に食塩水を取り出したとき，容器に残っている食塩水に溶けている食塩の重さをxを使った文字式で表せ。

（2）　xの値を求めよ。

Ⅳ　右の図は，円に内接する四角形ＡＢＣＤであり，
ＡＢ＝3 cm，ＡＤ＝ＣＤ＝2 cm，ＢＣ＝5 cmである。
また，点Ｅは線分ＡＣと線分ＢＤの交点である。
このとき，次の問いに答えよ。

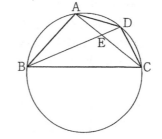

(1)　図において，△ＡＢＥと相似であり合同ではない
　　三角形をすべて答えよ。

(2)　ＢＥ：ＥＤを最も簡単な整数の比で答えよ。

(3)　△ＡＢＥ：△ＤＢＣを最も簡単な整数の比で答えよ。

Ⅴ　右の図のように，関数 $y=ax^2(a>0)$ のグラフ上に，2点A，Bをとり，その x 座標をそれぞれ -1，1とする。直線 l は，点Aを通り，関数 $y=ax^2$ のグラフと線分ABに囲まれた部分の面積を2等分する。直線 l の傾きを $b(b<0)$ とするとき，次の問いに答えよ。ただし，a,b を用いた式で表してよい。

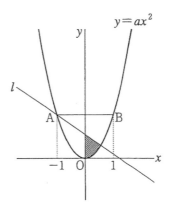

(1)　点Aの座標を求めよ。

(2)　直線 l の式を求めよ。

(3)　直線 l と y 軸と関数 $y=ax^2$ のグラフに囲まれた部分のうち，図の斜線部分の面積を求めよ。

数 学 解

I	(1)		(2)		
	(4)		(5)		
	(7)	CE＝　　　　　　cm	(8)		

II	(1)	本	(2)	

III	(1)	g	(2)	$x=$

IV	(1)		(2)

V	(1)	A（　　　　，　　　　）	(2)	$y=$

受　験
番　号

英 語 解 答 用 紙

（2015高一英語）

<table>
<tr><td rowspan="2">I</td><td>A</td><td>(1)</td><td></td><td>(2)</td><td></td><td>(3)</td><td></td><td>(4)</td><td></td></tr>
<tr><td>B</td><td>(1)</td><td></td><td>(2)</td><td></td><td>(3)</td><td></td><td>(4)</td><td></td></tr>
</table>

※

<table>
<tr><td rowspan="2">II</td><td>(1)</td><td></td><td>(2)</td><td></td><td>(3)</td><td></td><td>(4)</td><td></td></tr>
<tr><td>(5)</td><td></td><td>(6)</td><td></td><td>(7)</td><td></td><td>(8)</td><td></td></tr>
</table>

※

<table>
<tr><td rowspan="4">III</td><td>(1)</td><td>Today,

in different fields.</td></tr>
<tr><td>(2)</td><td></td></tr>
<tr><td>(3)</td><td></td></tr>
<tr><td>(4)</td><td></td></tr>
</table>

※

IV	(1)	
	(2)	Why .... the movie?
	(3)	I will ....
	(4)	Tamayo will ....

※

受 験 番 号		氏 名	

※
得
点

※100点満点
（配点非公表）

K 教英出版

用 紙　　　　　　　　（2015高一数学）

(3)	$x=$ 　　　　　, $y=$

(6)	$\angle x=$ 　　　　°

※

cm²

cm²　| (3) | 　　　cm³ |

※

※

:　| (3) | : |

※

| (3) | |

※

※印の欄には何も書き入れないこと。

※
得
点

※100点満点
（配点非公表）

名

A: Are you free this Saturday?

B: Yes, I am.

A: My grandfather has some sumo tickets. Can you come?

(a)   No, I am not free.

(b)   No, I am busy on Sunday.

(c)   Sure. Where shall we meet?

(d)   Sure. I am inviting you.

A: This festival is exciting.

B: Yes, I come here every year.

A: What time did it start?

(a)   For five hours.

(b)   Just before lunchtime.

(c)   Tomorrow evening.

(d)   Two hundred years ago.

(d)   From platform 7.

3) Some people need to take a plane. How often do the buses go there?

    (a)   There is rain near Tokai city.

    (b)   There is a bus station.

    (c)   There are five buses every hour.

    (d)   There is a bus every twenty minutes.

4) Which of these is not true?

    (a)   The train to Takayama takes almost two and a half hours.

    (b)   People should wait behind the yellow line.

    (c)   The cafeteria is closed today.

    (d)   The shops will open in the summer.

B

A: Please help yourself.

B: Thank you

A: Would you like some more?

(a)   Yes, please. I am delicious.

(b)   Yes, please. It is delicious.

(c)   Here you are.

(d)   Help yourself.

A: Which line should I take from Ozone?

B: Take the JR line. It's the train on track 2.

A: Thank you very much.

(a)   Yes, I know.

(b)   I don't know.

(c)   I'm welcome.

(d)   My pleasure.

2

<Listening Script>

A

※教英出版注
音声は，解答集の書籍ＩＤ番号を
教英出版ウェブサイトで入力して
聴くことができます。

Ladies and gentlemen, this is the information desk. We have a girl here. She has short brown hair, and is wearing a red dress and black shoes. She is about one hundred centimeters tall. If you know her, please come to the information desk.

The train that will soon arrive at platform 2 is the 3pm train to Takayama. This train is on time. It will arrive in Takayama at 5:28. Please stand behind the yellow line.

The train now at platform 7 is the last one to Hiroshima today. It should leave at 3:15 but it will be thirty minutes late. We are very sorry.

Ladies and gentlemen, please keep your bags with you at all times.
The cafeteria on the 2nd floor and restaurants on the 6th floor are open. The shops on the 3rd to 5th floor are closed and will open in July.

There are no trains to Chubu Kokusai Kukou because of rain and strong winds near Tokai city. A bus leaves the bus station every twelve minutes. Please use the buses.

Please remember to keep your umbrella with you at all times.

1) Who is at the information desk?
    (a) Ladies and gentlemen.
    (b) Black hair and brown shoes.
    (c) A child
    (d) Some children.

2) What time will the train to Hiroshima leave today?
    (a) At 3:15.
    (b) Before 4 o'clock.
    (c) The last train today.

1

２０１５年度

一 般 入 学 試 験 問 題

（50分）

注 意 事 項

◎ 「始め」の合図があるまで中を見てはいけません。

◎ 解答用紙は別になっています。

◎ 解答は全て解答用紙の所定の欄に記入しなさい。

◎ 解答用紙だけ提出し，問題は持ち帰りなさい。

英　語

> Ⅰのリスニング問題は試験開始から数分後に行う。それまで他の問題を解いていること。

Ⅰ　【リスニング問題】 放送をよく聞いて，A, Bの問題に答えよ。

A　まず, 名古屋駅でのアナウンスが放送され, その後に英語の質問と選択肢 (a) ～ (d) が放送される。アナウンスの内容に合うものをそれぞれ (a) ～ (d) から1つ選び, 記号で答えよ。質問と選択肢はそれぞれ2回読まれる。

(1)

(2)

(3)

(4)

※教英出版注
音声は，解答集の書籍ID番号を
教英出版ウェブサイトで入力して
聴くことができます。

B　　放送される2人の会話を聞いて，会話の続きとして最も適当なものを (a)〜(d) からそれぞれ1つ選び，記号で答えよ。会話はそれぞれ2回読まれる。

(1)　（a）　Yes, please. I am delicious.
　　　（b）　Yes, please. It is delicious.
　　　（c）　Here you are.
　　　（d）　Help yourself.

(2)　（a）　Yes, I know.
　　　（b）　I don't know.
　　　（c）　I'm welcome.
　　　（d）　My pleasure.

(3)　（a）　No, I am free.
　　　（b）　No, I am busy on Sunday.
　　　（c）　Sure. Where shall we meet?
　　　（d）　Sure. I am inviting you.

(4)　（a）　For five hours.
　　　（b）　Just before lunchtime.
　　　（c）　Tomorrow evening.
　　　（d）　Two hundred years ago.

NAGOYA HIGH SCHOOL *INTERNATIONAL FESTIVAL

DATE
February 10th
Starts at 1pm

PLACE
School Cafeteria
It is in Building 3, between the school gym and the computer room.

COURSES
You should choose one course before you join the festival. Students will introduce traditional games and dishes from each country in the festival.
Send an e-mail to us on the last day of January.

E-MAIL
school-festival@nagoya.com

COURSES

1. Cooking
Let's make miso soup, and the traditional Mexican food, tacos.

2. *Ethnic Clothes
Students will introduce their own ethnic clothes, for example the Japanese kimono.

3. Music
Let's play the Japanese taiko, a kind of drum. This course is in the music room, not in the school cafeteria.

Special Course
Before the festival, some of the Nagoya High School students will take the 20 *exchange students to Nagoya *Castle. If you are interested in the program, let's meet at Sunadabashi Station on February 10th at 8 in the morning!

以下は左のポスターを見た高校生のアキラ (Akira) とジム (Jim) の会話である。

Akira : Hi, Jim. Did you see the poster about the international festival?

Jim : Yes, I was just thinking about it, and am really interested in it. Last year, I went to the festival. It was really fun. There were a lot of students from over thirteen countries. I talked with one of those students George. He came to our school last year.

Akira : I didn't know you went to the last one. Actually, I met George at the festival, too. He went back to England last summer. Before he went back, he taught me a lot about English culture, for example, afternoon tea and *cricket. So, both of us are going to go to the festival again this year. It's going to be great fun!

Jim : Before the festival, we have to choose a course. There are three courses to choose from. Which are you interested in, Akira?

Akira : Last year, I played the *sanshin*, a traditional *musical instrument from Okinawa. I have played it since I moved from Okinawa to Nagoya six years ago. This year, I want to try something different.

Jim : I see. I'm interested in the first one. My sister visited Mexico three years ago and she sometimes cooks traditional Mexican food. I really like it. Also, more husbands cook at home together with their wives than before. I think we should learn a little about cooking.

Akira : You may be right. I have never cooked at home. So, I think I should try cooking this time. How about the special course? Ted has been staying at my home for the last two months and he has never been there, so I'm going to go there. He is interested in Japanese castles and I will go with him. Can you come with us?

Jim : I'm sorry, but I have to help my parents on Saturdays. So in the morning, I can't leave my house. I'm free in the afternoon.

Akira : No problem. See you at the festival. Oh, don't forget to send the e-mail about the course you choose. See you later, Jim.

Jim : Bye, Akira.

【注】 international：国際的な　　ethnic：民族の　　exchange student：留学生
castle：城　　cricket：クリケット（球技の一種）　　musical instrument：楽器

次の英語の質問 (1) ～ (8) に対する答えとして最も適当なものをそれぞれ (a) ～ (d) から1つ選び, 記号で答えよ。

(1) Which map shows Nagoya High school?

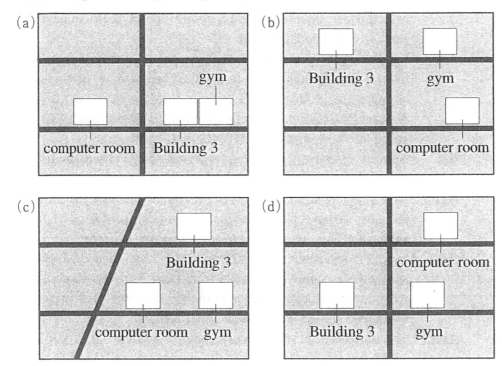

(2) Where will the students who are going to choose the music course meet?

(a) In Building 3.
(b) In the computer room.
(c) In the music room.
(d) In the school cafeteria.

(3) How many exchange students are going to visit Nagoya Castle?

(a) A hundred.
(b) Twenty.
(c) Twelve.
(d) Thirteen.

(4) What did Akira do in the last festival?

    (a)   He played a traditional Japanese musical instrument.

    (b)   He played an English sport with his friends.

    (c)   He made tacos and miso soup for his mother.

    (d)   He wore ethnic clothes and played *karuta*.

(5) Who went to the international festival last year?

    (a)   Akira and George did.

    (b)   Akira and Jim did.

    (c)   Akira, Jim and Ted did.

    (d)   Akira, Jim and George did.

(6) How long has Ted stayed at Akira's house?

    (a)   For a month.

    (b)   For a week.

    (c)   For two months.

    (d)   For two weeks.

(7) Why is Jim interested in the cooking course?

    (a)   Because his sister sometimes cooks Mexican food.

    (b)   Because his sister visited a small Mexican village before.

    (c)   Because he sometimes cooks Mexican dishes.

    (d)   Because he has already been to Mexico four times.

(8) Which of these is true?

    (a)   Jim and Akira played a traditional game last year.

    (b)   George will go back to England next summer.

    (c)   Akira has played a musical instrument for more than five years.

    (d)   More wives cook at home these days.

Ⅲ　次の英文を読み，あとの問題に答えよ。

Many years ago people thought that scientists should study only their own *field. Scientists usually worked alone.　They watched something very carefully and tried to find something new, but these days things have changed.　①Today, (is / others / important / with / for / to / who / it / work / more / talk / scientists) in different fields.

Now scientists are trying to put different *technologies together like Shinya Yamanaka, a *Nobel Prize winner in 2012.　Mr. Yamanaka brought an *innovation to the world today.　He made *induced pluripotent stem (iPS) cells. This technology may change the world.　How did he do that?

Even in a small *laboratory, he believed in himself and worked hard.　Though there were hundreds of problems in his study, he tried again and again.　After he made iPS cells, more and more people helped him because he was always working hard and trying to talk with others around him.　He says, "Now if we use the iPS cell technology, we can make *human organs inside a pig.　Is this good or bad?　②The answer to this question shouldn't be made only by scientists.　Even if scientists think that this technology is great, other people may not think so.　There must be good communication with each other."　Scientists should tell us how the technology is useful for the world we live in.

Also, we should do the same in other fields.　It is not easy to talk with or understand people from different fields, cultures, or countries, but *exchanging ideas with others is the key to making something new and special.　When we're in trouble and find no ways to get out of it, we often worry too much.　So, just ask someone around you and talk with him or her about the trouble.　You may find the key to solving it or different ways to think about it.　We need to work together and ③make a big difference in the world through good communication.

【注】　field：分野　　　technology：技術　　　innovation：革新
　　　Nobel Prize winner：ノーベル賞受賞者
　　　induced pluripotent stem (iPS) cells：人工多能性幹細胞 (iPS細胞)
　　　laboratory：研究室　　　human organs：ヒトの臓器　　　exchange：～を交わす

（1）　下線部①の（　　　）内の語句が下の日本語の意味になるように並べかえよ。

「今日では、科学者が様々な分野で働く他者と話し合うことがより重要である。」

（2）　下線部②の文中の this question が指し示す内容を明らかにし，全文を日本語にせよ。

（3）　下線部③とほぼ同じ意味の動詞を本文より，1語で抜き出せ。

（4）　次の（a）～（f）から本文の内容と一致するものを2つ選び，記号で答えよ。

（a）　Scientists must study only their own field today.
（b）　We can bring an innovation to the world if we exchange ideas and work with people from different fields.
（c）　It is important for scientists today to watch something very carefully.
（d）　The iPS cells have been found in pigs by Shinya Yamanaka.
（e）　Shinya Yamanaka thinks scientists should talk with other people about their studies well.
（f）　We don't have to talk with or listen to people in other fields.

Ⅳ　次の会話の下線部を，あとに続く条件に従って，英語に直せ。

花子　：　『アナ雪』はもう見た？　私は映画館にも行ったし，この前ＤＶＤも買って，家でも
　　　　　時々見てるのよ。ＣＤまで買っちゃった。

大助　：　本当にすごい人気だったみたいだね。でも，実はまだ見ていないんだ。

花子　：　どうして？　絶対見るべきよ。

大助　：　(1) 名古屋には４年前から住んでいるんだけど，ここに来てから一度も映画館に
　　　　　行ったことがなくて・・・。本当は見たかったんだけどなぁ。

花子　：　じゃあ，(2) 私の家にその映画を見に来たら?

大助　：　えっ，ほんとにいいの？　やったぁ。いつなら都合がいい？

花子　：　今度の週末なら大丈夫よ。

大助　：　わかった。(3) 先週京都で買ったお菓子を持っていくから楽しみにしていて。すごく
　　　　　おいしいから。

花子　：　ありがとう。楽しみだわ。(4) あなたが来ると聞くと珠代も喜ぶでしょうね。

大助　：　えっ，珠代ちゃん？　どういうこと？

花子　：　彼女も今週末私の家に来ることになっているの。

大助　：　あ，そうなんだ・・・。

［条件］

(1)　for を用いる。

(2)　Why で書き始めて，the movie? で書き終える。

(3)　I will で書き始めて，some sweets を用いる。

(4)　Tamayo will で書き始めて，glad を用いる。

２０１４年度　　名古屋高等学校

一 般 入 学 試 験 問 題

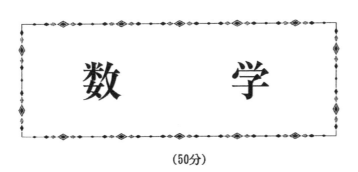

（50分）

I　　次の問いに答えよ。

(1)　$-3x^2y \div \left(-\dfrac{1}{3}xy\right)^2 \times \dfrac{1}{3}y^3$ を計算せよ。

(2)　$(a-b)x^2-(a-b)y^2$ を因数分解せよ。

(3)　連立方程式 $\begin{cases} 2(x+y)+5(x-y)=18 \\ 4(x+y)-(x-y)=58 \end{cases}$ を解け。

(4)　方程式 $(x-3)(x+4)=2(x-3)^2$ を解け。

(5)　関数 $y=ax^2$ の $-3 \leqq x \leqq -1$ における y の変域は $b \leqq y \leqq 6$ であった。定数 a, b の値を求めよ。

(6) 63に偶数をかけて,自然数の2乗になるようにしたい。このような偶数のうち,最も小さいものを求めよ。

(7) 立方体の展開図に図のように点A,B,C,Dをとる。この展開図を組み立てたとき,斜線部の平面と直線CDはどのような位置関係にあるか。次の選択肢から1つ選んで,記号で答えよ。

① 直線が平面上にある
② 交わる
③ 平行である
④ ねじれの位置にある

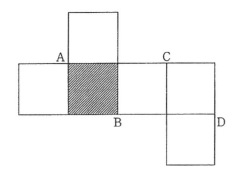

(8) 円周を9等分した点をつないで次のような図形をかいた。∠xの大きさを求めよ。

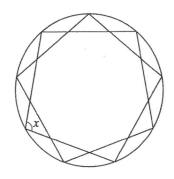

(9) AB＝5，BC＝3，DE＝4のとき，AEの長さを求めよ。ただし，∠AEB＝∠ACDとする。

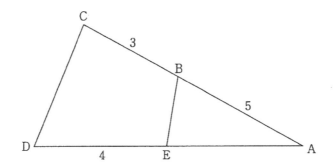

(10) ある部品を作っている工場がある。できあがった500個の部品について検査したら8個の不良品が見つかった。この工場で6万個の部品を製造したとき，不良品はおよそ何個含まれると推定されるか。

Ⅱ　図のように，母線の長さが10cm，中心角が216°の円すいの展開図がある。このとき，次の問いに答えよ。

（1）　この円すいの底面の円周の長さを求めよ。

（2）　この円すいの体積を求めよ。

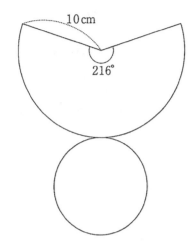

Ⅲ　1つのさいころを3回投げて出た目の数を出た順に a, b, c とするとき，次の問いに答えよ。

（1）　$a = b < c$ となる場合は何通りあるか。

（2）　$a < b < c$ となる確率を求めよ。

Ⅳ 　図のように，放物線 $y=\frac{1}{2}x^2$ と直線 $y=-\frac{1}{2}x+1$ が2点A，Bで交わっている。この放物線上に点Cを，y 軸上に点Dをとり，平行四辺形ABCDを作る。ただし，点Aの x 座標は負とする。このとき，次の問いに答えよ。

(1) 点Bの座標を求めよ。

(2) 点Cの座標を求めよ。

(3) 原点を通る直線で，平行四辺形ABCDの面積を2等分するものの式を求めよ。

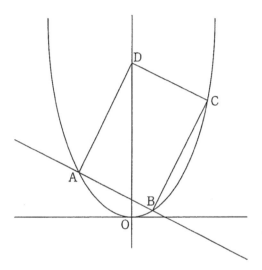

Ⅴ　　鋭角三角形ＡＢＣについて，ＡＣ＝５，ＢＣ＝６であり，面積は９であった。点Ａから直線Ｂ
　Ｃにおろした垂線の足をＨとする。このとき，次の問いに答えよ。

　（１）　ＡＨの長さを求めよ。

　（２）　ＡＢの長さを求めよ。

　（３）　三角形ＡＢＣの外接円の直径を求めよ。

Ｋ 教英出版

２０１４年度　　名古屋高等学校

一 般 入 学 試 験 問 題

（50分）

注 意 事 項

◎ 「始め」の合図があるまで中を見てはいけません。

◎ 解答用紙は別になっています。

◎ 解答は全て解答用紙の所定の欄に記入しなさい。

◎ 解答用紙だけ提出し，問題は持ち帰りなさい。

Ⅰのリスニング問題は試験開始から数分後に行う。それまで他の問題を解いていること。

Ⅰ　【リスニング問題】　放送をよく聞いて，A, Bの問題に答えよ。

A　　次の (1) ～ (5) の英文のうち，放送で読まれた英文の内容に一致しているものを，それぞれ
ア～エから選び，記号で答えよ。

(1)　ア　A table tennis tournament will be held in Nagoya on Saturday and Sunday.
　　　イ　A table tennis tournament will be held in Nagoya next week.
　　　ウ　The table tennis players will not be in Nagoya this weekend.
　　　エ　Many table tennis players will arrive from Tokyo.

(2)　ア　The soccer team practices in the sports hall every day.
　　　イ　The soccer team will practice in Fukuoka.
　　　ウ　The soccer team went to Kyushu.
　　　エ　Some of the team traveled by bus, and the others went by train.

(3)　ア　Two new teachers will start working at our school in April.
　　　イ　Two new teachers will come to school from January.
　　　ウ　Some teachers will leave Nagoya High School in the next school year.
　　　エ　Some teachers will join the next school.

(4)　ア　Ms. Brown has been teaching for thirteen years.
　　　イ　Ms. Brown has always lived in Canada.
　　　ウ　Ms. Brown has lived in some different countries.
　　　エ　Ms. Brown has done many dangerous jobs all around the world.

(5)　ア　The volunteer club students are happy to help other people.
　　　イ　The volunteer club students sell coffee to people in Kenya.
　　　ウ　The volunteer club does not sell coffee beans.
　　　エ　The volunteer club goes to Kenya every twelve years.

B　次の対話を聞き，その最後の文に対する応答として最も適当なものを**ア〜エ**から選び，記号で答えよ。

(1)　ア　No, I'm not.
　　　イ　No, you can't come.
　　　ウ　Yes, but is it OK?
　　　エ　Yes, let's play baseball.

(2)　ア　Thank you.
　　　イ　I'm sorry.
　　　ウ　Go through the station, and you'll find them on your left.
　　　エ　Go through the station, and you'll see the shops on your right.

(3)　ア　Would you like to leave a message?
　　　イ　No, it's OK.
　　　ウ　No, I'll call back later.
　　　エ　Sure. Just a minute, please.

(4)　ア　What size are you?
　　　イ　No, I'm looking for a hat.
　　　ウ　They're too small.
　　　エ　It's too small.

Ⅱ　次の英語のキャンプの案内とそれに関する会話を読んで, あとのA, Bの問題に答えよ。

Camp FOREST

Camper for a Week

Come and join us for a WONDERFUL WEEK at Camp FOREST!　We give children a chance to enjoy camping away from their parents.　This "Camper for a week" program is perfect for beginners.

Join activities and have a lot of fun.　We have hundreds of activities.　Campers can do a different activity each day during the camp.　Look at our Activity List below.　It is just a small example.　Make new friends through these special activities.　Our staff are friendly, too.　They're camping specialists.　They will show you how to enjoy camping, so there's nothing to worry about!

Activity List

- sports: tennis, basketball, golf, skateboarding, baseball, football, and more!
- arts: fashion design, oil painting, computers, magic, and more!
- adventure : We have two adventure courses; a Forest course and an Ocean course. We have a big forest at the back of our camping area and a beautiful beach at the front.　You may see animals you have never seen before!
- a campfire every evening!

DATE
Monday, August 5(2pm) to Sunday, August 11(12pm)

PRICE
$725 each

AGE
From 1st grade (6 year-old) to 4th grade (10 year-old)

For questions about the "Camper for a Week" program, please call 987-654-321 or email info@campforest.com.

Bob   : Hey, Cindy. Have a look at this. This program sounds good for Jim and Ted. What do you think?

Cindy : I saw it this morning. I thought so, too. But what will they think about it? They've never spent a night without us. I'm really worried.

Bob   : It's time for them to do things without us. This will be a good chance!

Cindy : You're right. Jim is growing taller and he takes good care of Ted. And Ted studies very hard. His math score was the best in the first grade at school last year. It may be a nice idea to give them a chance to see a world they haven't seen yet.

Bob   : OK. Let's talk to them about this after dinner tonight. They'll be surprised and excited!

(after dinner)

Cindy : Jim and Ted, come here. I have something to tell you.

Ted   : What is it, Mom?

Cindy : Dad and I are thinking about this summer vacation. How about joining a camping program?

Jim   : What kind of program is it?

Bob   : Look at the paper on the table.

Ted   : Wow, it says we can stay for a week! Can we join this?

Cindy : Yes, of course. But Dad and I won't be there. Will you be all right?

Jim   : No problem, Mom! I can take care of Ted and myself. Ted, I'm older, so I will decide what to do, right?

Ted   : I see, Jim. We have two weeks before the camp. Let's go shopping to buy things we need.

Jim   : Good idea! I will make the shopping list.

Ted   : We can have a campfire every night. That will be exciting!

Bob   : Now, Jim and Ted, listen carefully. You have to do one thing. Before you go camping, finish your homework. Can you do it?

Jim   : Yes, I can. I've already done half of it. I'll do it by the end of (X).

Ted   : Me, too.

Bob   : All right, kids. We hope you'll have a good time there.

A　次の英語の質問 (1) ～ (5) に答えよ。

(1) What is "Camper for a week"? Choose the best answer from ア to エ.

　　ア　A plan to camp outdoors with parents.
　　イ　A problem of camping with children.
　　ウ　A program for children.
　　エ　A party around a campfire.

(2) Which one is true about Camp FOREST? Choose the best answer from ア to エ.

　　ア　It is a homepage for campers.
　　イ　All of its activities are on the Activity List.
　　ウ　There may be animals around there.
　　エ　Junior high school students can join "Camper for a week."

(3) Where is Camp FOREST? Choose the best answer from ア to エ.

ア

イ
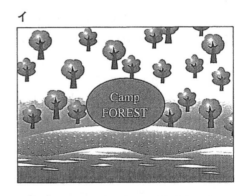

ウ

エ

(3)

A: Hello.

B: Hello, this is Tom.

A: Hi, Tom. How are you?

B: I'm fine, thanks. May I speak to Demi, please?

(4)

A: Excuse me. May I help you?

B: Yes, I'm looking for a black hat.

A: How about this one?

用 紙

(2014高一数学)

(3)	$x =$, $y =$
(6)	

	(10)	個

※

※

※

※

※

※ 得 点	※100点満点 (配点非公表)

名

2つ目

(6)	⑤	⑦
(7)		

IV

(1) Tablets were _____ after school.

(2) I _____

(3) I have _____

(4) It is also _____ carefully.

※

※

※得点

※100点満点
（配点非公表）

受験番号

氏名

※印の欄には何も書き入れないこと。

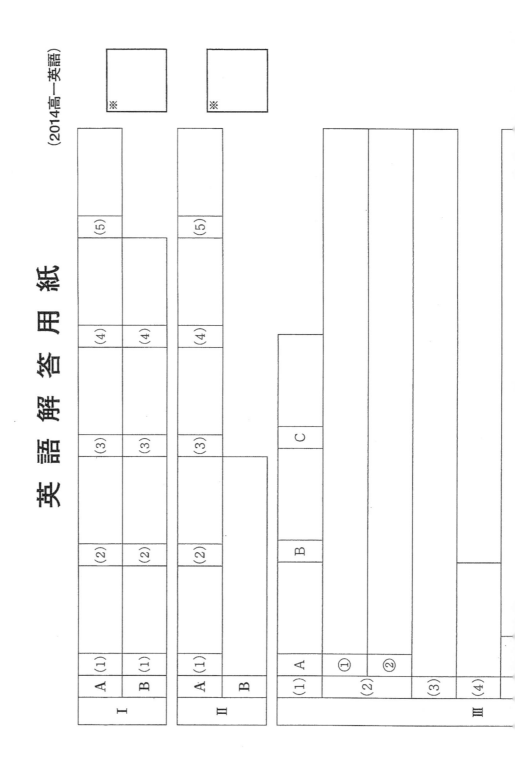

英 語 解 答 用 紙

(2014高一英語)

2014(H26) 名古屋高

K 教英出版

【解答用

数 学 解

I	(1)		(2)	
	(4) $x=$		(5) $a=$　　　　　$,b=$	
	(7)		(8) $\angle x=$　　　　°	(9)

II	(1) 　　　　　cm	(2) 　　　　　cm³

III	(1) 　　　　通り	(2)

IV	(1) B(　　　,　　　)	(2) C(　　　,　　　)	(3)

V	(1) AH=	(2) AB=	(3)

受 験
番 号

K 教英出版

【解答用

\<Listening Script\>

A

Hello. This is 'Nagoya High School News' on Tuesday, February 4th. This is your reporter – Peter Green at the Nagoya High School radio station.

First, the news from our sports clubs. Our table tennis team will travel to Tokyo for some games this weekend. They will join in an important tournament. The team practices in the sports hall every day.

The third grade students in the soccer club have stopped playing. They are studying hard to enter university now. The team became the champions of Aichi last summer for the first time. All the members went to the Inter High tournament in Fukuoka by train. The team played in severe weather but it was a wonderful experience for them.

In other school news, two new teachers will join our school at the start of the next school year. Mr. Suzuki will teach science to the first graders. Ms. Brown will teach English in the second grade. She was born in Canada and has taught around the world for more than thirty years.

Next is news from the Nagoya High School volunteer club. The students began selling fair trade coffee beans at the school festival twelve years ago. This tradition has continued to this day. The volunteer club is glad to help people working on farms in Kenya.

That's the end of today's news. Goodbye!

B

(1)

A: Are you free this evening?

B: Yes. Why do you ask?

A: I have some tickets for a baseball game. Can you come?

(2)

A: Excuse me, could you tell me the way to the shops?

B: Sure. Go through the train station, and you'll find the shops on your left.

A: OK. Go through the station, and pardon me?

(4) Which one is true about the people talking about "Camper for a week"?
Choose the best answer from ア to エ.

ア　Bob is a father with one son and one daughter.
イ　Cindy's sons won't be home on August 6.
ウ　Jim has finished all of his homework.
エ　Jim is Ted's younger brother.

(5) Why is Cindy worried?　Choose the best answer from ア to エ.

ア　Because she thinks the program is too expensive.
イ　Because the husband doesn't want his sons to go camping.
ウ　Because she is sick and can't go camping with her son.
エ　Because this is the first time for the sons to go camping without their parents.

B　空所（　X　）に入る適当な英語1語を答えよ。ただし, 最初の文字は大文字で書き始めること。

Ⅲ 次のオリンピック (the Olympic Games) に関する英文を読み, あとの問いに答えよ。

Every four years, *athletes from all over the world join the Olympic Games. The first Olympic Games were held more than 2,700 years ago. There were many types of sports but, during the first games, the footrace was the only event. In the report of an old story, the ①(cook / was / a / first / called / Olympic champion) *Coreobus. He ran in a 192 meter race in front of a lot of people.

(A) today, the games then were held every four years. In those days, only men were able to join the games. People came from all over *Greece, to the city of Olympia. ②(the / excited / all / them / very / games / made).

During the games, all the athletes and *officials made a *promise to be fair. ③If an athlete did something wrong, he was taken away from the games, and he had to *pay the officials money.

Soon, there were more events. We can still see some of these sports in the Olympics today.

The javelin was a sport of throwing a long pole in the stadium. These earliest javelins were like the ones used today. ④The discus then was also similar to today's event. The earliest *Greeks ⑤threw a large stone, but today's discuses are usually made of *flat metal. The earliest long jumpers believed that they could get the best *record when they held heavy things in their hands. So they did so.

The old Greeks also held horse-riding and *chariot-racing events. These races were dangerous, but people loved to watch them. Another sport was wrestling. (B) win a wrestling match, one athlete had to throw the other down three times.

In ⑥boxing, matches then didn't stop until one athlete said, 'You win!', or he couldn't get up again. Also, today we have many groups for boxing, but in old Greece, there were just two groups. One was for men, and the other was for boys.

For each sport, there was only one winner. Winners got an *olive wreath when they ⑦won. And when they came back home, everyone loved them. They became famous in their hometowns.

Then, in A.D. 393 *the Roman emperor Theodosius the First decided to end the Olympics. (C), of course, that wasn't really the end. In 1894, officials from ten different countries met to start the first New Olympics. Two years later, in 1896, the Olympics began again. And since then, the Olympic Games have been more popular.

【注】 athlete … 運動選手　Coreobus … コロイボス(古代ギリシアの陸上選手)　Greece … ギリシャ
official … 審判員, 実行委員　promise … 約束　pay … 支払う　Greek … ギリシャ人
flat … 平らな　record … 記録　chariot-racing … 馬車レース　olive wreath … オリーブの花輪
the Roman emperor Theodosius the First … ローマ皇帝テオドシウス1世

(1) 空所 (A) ・ (B) ・ (C) に入る語として最も適当なものをア～クから選び，記号で答えよ。

ア　When　　　イ　However　　　ウ　Because　　　エ　Since
オ　For　　　　カ　Like　　　　キ　Or　　　　　ク　To

(2) 下線部①・②を文脈上，意味が通るように並べかえよ。ただし，下線部②は始めに来る文字も小文字にしてある。

(3) 下線部③を日本語に直せ。

(4) 下線部④の競技名を以下のア～エから選び，記号で答えよ。

ア　円盤投げ　　　イ　ハンマー投げ　　　ウ　やり投げ　　　エ　砲丸投げ

(5) 下線部⑥の競技について，現在のその競技との違いを本文に即して2点簡潔に述べよ。

(6) 下線部⑤と⑦について，同じ発音をする別の単語をそれぞれ記入せよ。

(7) 本文の内容に合うものをア～オから1つ選び，記号で答えよ。

ア　In the old Olympics, a lot of men and women from all over Greece joined the games.
イ　There were more events in the old Olympics than in the today's Olympics.
ウ　Horse-riding and chariot-racing events were so dangerous that some people didn't want to watch them.
エ　The winners in the old Olympics were given an olive wreath and became popular in their hometowns.
オ　Theodosius the First started the Olympic Games with some officials, but it didn't work well.

Ⅳ　次の会話の下線部を, あとに続く条件に従って, 英語に直せ。

　　　カオリ：マモル, いよいよ明日の社会の時間は私たちのグループの発表ね。もちろん準備できているわよね。

　　　マモル：それが…まだ準備が終わっていないんだ。確か去年世界遺産に登録された富士山の歴史についての発表だったよね。

　　　カオリ：あきれたわ。今さら何を言っているの。

　　　マモル：落ち着いてよ, カオリ。実は昨日新しいタブレット (tablet) を買ったんだ。これを使って調べれば, すぐに準備できるよ。

　　　カオリ：最新のタブレットね。それにしても最近の技術の進歩には驚くわ。今では多くの人がタブレットでインターネットを利用しているようね。少し前までインターネットはパソコン (computer) でするものだったのよ。(1) タブレットはパソコンほど人気ではなかったわ。

　　　マモル：僕はもうタブレットなしでの生活は想像できないな。(2) 授業後にときどき友達と動画を見て楽しむんだ。

　　　カオリ：マモルはパソコンを使うこともあるの? (3) 私はお父さんが去年買ってくれたパソコンを持っているの。お父さんがプレゼントしてくれたから愛着もあるし, いつでも最新のものがいいとは限らないと思うわ。

　　　マモル：そうかもしれないね。それに, いつも最新のパソコンやタブレットに買い換えていてはキリがないよ。僕も昨日買ったタブレットはこれからも大切に使っていくつもりだよ。

　　　カオリ：最新のタブレットも魅力的だけど, (4) 古いパソコンを大切にするのも大切よ。生活が便利で豊かになるにつれて, 物への愛着は薄れていくのかもしれないわね…それよりも明日の課題に早く取りかかりなさいよ。みんなの前で叱られたくないわ。

　　　マモル：わかったよ, カオリ。夕方までには完成させるよ。

［条件］

（1）　Tablets were で書き始める。

（2）　I で書き始めて, after school で終わり, my friends を用いる。

（3）　I have で書き始めて, for を用いる。

（4）　It is also で書き始めて, carefully で終わる。

K 教英出版

２０１３年度　　名古屋高等学校

一 般 入 学 試 験 問 題

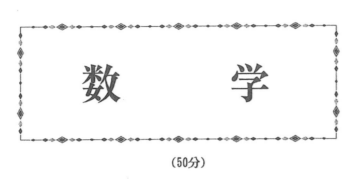

（50分）

数　　　学

Ⅰ　次の問いに答えよ。

(1)　$(-3)^3 \div \left(-\dfrac{9}{2}\right) - (-2^2) \times 1.75$　を計算せよ。

(2)　$\dfrac{3a-4b}{5} - \dfrac{a-8b}{15}$　を計算せよ。

(3)　$3x^2 - 12$　を因数分解せよ。

(4)　連立方程式　$\begin{cases} 3x = 4y \\ 0.2x - 0.4y = -0.3 \end{cases}$　を解け。

(5) $a=\dfrac{\sqrt{3}+1}{2}$, $b=\dfrac{\sqrt{3}-1}{2}$ のとき，$12a^3b^4 \div 2ab^2$ の値を求めよ。

(6) 大小2つのさいころを同時に投げる。出た目の積が4の倍数となる確率を求めよ。

(7) 関数 $y=-\dfrac{1}{2}x^2$ において，x の変域が $-3 \leqq x \leqq 2$ のとき，y の変域を求めよ。

(8) 仕入れ値が1個 a 円である品物がある。この品物に仕入れ値の4割の利益を見込んで定価をつけると400個の品物が売れた。このとき，売り上げの総額を a を用いて表せ。

Ⅱ　次の問いに答えよ。

(1)　次の図で $\ell /\!/ m$ のとき，$\angle x$ の大きさを求めよ。

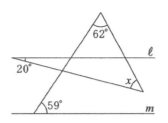

(2)　図のように半径1cmの円が接しており，その中心を結んで正方形を作り，その正方形について対角線を引く。このとき，斜線部分の面積を求めよ。

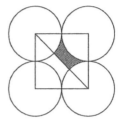

(3)　図のように，半径が1cmの円に直径ＡＢを引き，$\overset{\frown}{\mathrm{BD}}=\dfrac{5}{18}\pi$ cmとなるように点Ｄをとり，直径ＣＤを引く。また，$\overset{\frown}{\mathrm{BE}}=\dfrac{1}{3}\pi$ cmとなるように点Ｅを直径ＡＢに対して点Ｄと反対側にとる。このとき，$\angle\mathrm{CBE}$ の大きさを求めよ。

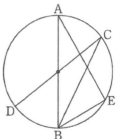

(4)　図のようなＡＢ＝2cm，ＡＤ＝1cm，ＡＥ＝4cmである直方体ＡＢＣＤ－ＥＦＧＨにおいて，三角すいＢ－ＤＥＧの体積を求めよ。

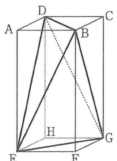

－3－

Ⅲ　関数 $y=-x^2$ のグラフ…①と，点A $(-2, 0)$，点B $(0, 3)$，点T $(0, -2)$，直線 ℓ がある。
　直線 ℓ は点Aおよび点Tを通り，図のように①と点P，Qで交わる。点B，Pを通る直線を m，直線
　m と x 軸との交点をSとする。このとき，次の問いに答えよ。

（1）　直線 ℓ の式を求めよ。

（2）　点Pの x 座標を求めよ。

（3）　三角形QPSの面積を求めよ。

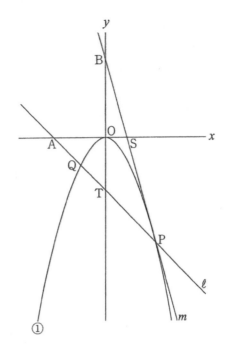

Ⅳ 1辺の長さが9cmである正方形ABCDがある。この正方形の辺AB上の点Gと辺CD上の点Hを結ぶ線分GHを折り目として折り曲げたところ，点Cが辺ADを2：1に分ける点Eと重なった。また，点Bは点Fの位置に移った。このとき，次の問いに答えよ。

(1) CHの長さを求めよ。

(2) BGの長さを求めよ。

(3) 3辺EF，EH，GHに接する円の半径を求めよ。

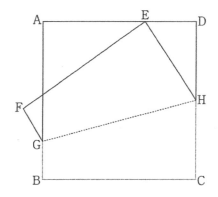

2013(H25) 名古屋高
K 教英出版

Ⅴ　nを整数とする。次の問いに答えよ。

(1)　$\sqrt{\dfrac{2000}{n}}$ が整数となる n は何個あるか。

(2)　1以上100以下の整数 m に対して，$\sqrt{\dfrac{m}{n}}$ が整数となる n の個数を$<m>$で表すもの
とする。
　　① $<m>=3$ となる最小の m を求めよ。
　　② $<m>=4$ となる m は全部で何個あるか。

K教英出版

２０１３年度　　名古屋高等学校

一 般 入 学 試 験 問 題

（50分）

英　　　語

Ⅰはリスニング問題です。
試験開始から数分後に行います。それまで他の問題を解いていなさい。

Ⅰ　【放送問題】放送を聞いてA, Bの問題に答えよ。

A　次の英語とそれに関する問いを聞いて，その答えとして最も適当なものをア～エから選び，記号
で答えよ。

(1)　ア　愛華高校
　　　イ　名古屋高校　サッカー部
　　　ウ　名古屋高校　ラグビー部
　　　エ　阿波高校　ラグビー部

(2)　ア　1年後
　　　イ　1年前
　　　ウ　先週金曜日の夜
　　　エ　来週金曜日の夜

(3)　ア　20人の生徒
　　　イ　中国, スペイン, ドイツの子供達
　　　ウ　オーストリアの先生
　　　エ　オーストラリアの生徒

(4)　ア　15,000冊以下
　　　イ　50,000冊以上
　　　ウ　3階
　　　エ　7時まで

(5)　ア　多数の本
　　　イ　1階
　　　ウ　DVD
　　　エ　理科室の隣

B　次の対話を聞き，その最後の文に対する応答として最も適当なものを**ア**〜**エ**から選び，記号で答えよ。

(1)　ア　Yes, it's mine.
　　　イ　No, it's mine.
　　　ウ　Yes, it's the car.
　　　エ　No, it's a telephone box.

(2)　ア　It didn't happen.
　　　イ　I finished it.
　　　ウ　I broke my arm.
　　　エ　I will help you.

(3)　ア　It's very good.
　　　イ　No, I don't think so.
　　　ウ　Yes, me too.
　　　エ　They are the same as mine!

(4)　ア　It was exciting.
　　　イ　I am exciting.
　　　ウ　Two hours.
　　　エ　3,000 yen.

※教英出版注
音声は，解答集の書籍ＩＤ番号を
教英出版ウェブサイトで入力して
聴くことができます。

Ⅱ 　次の英語の広告 (advertisement) とそれに関するEメールのやりとりを読んで, あとの質問に対して最も適当なもの, または英文を完成させるのに最も適当なものをア～エから選び, 記号で答えよ。

A Reader's Paradise in the center of the city — The Shelves

Opening on Monday, April 1
Open 7 days a week, 10 A.M.-11 P.M.

OPENING EVENTS

· Special opening party on March 31
Only people who received this advertisement can come.　The ceremony
will start at 6 P.M.
· The gifts are ready!
Visit us during the opening week (April 1-7), and you will get the postcards
painted by a famous artist!　Who is he or she?　You'll find out when
you get them.

COUPON A	COUPON B
$3 off	*5% off*
(until April 7)	(until April 13)
If you buy something over $10, we will discount $3.	If you buy something over $20, we will discount 5%.
This cannot be used with other coupons.	This cannot be used with other coupons.

For more information / questions, please e-mail us. 〈rpitcoc@theshelves.com〉

— 3 —

From	"Ken Hirabayashi" <HK@n-g-ygkin.com>
To	< rpitcoc@theshelves.com >
Subject	Some questions

To The Shelves,

Hello, I'm a high school student who likes reading very much. There's nothing like you near my home, so I'm really happy and excited.

I am writing to ask about your advertisement. It says that the store will hold a special opening event. I have the advertisement, so I'm going to the event on March 31. Can I buy something then? Can I use the coupons on the advertisement on that day?

Answer me soon, please.

Ken

From	"Jane Jackson" <rpitcoc@theshelves.com>
To	"Ken Hirabayashi" <HK@n-g-ygkin.com>
Subject	Re: Some questions

Dear Mr. Ken Hirabayashi,

Thank you for e-mailing us. To answer your first question, yes, you can choose any book in our store! Please enjoy looking around and finding your favorites. We're sorry to say 'No' to your second question. Please wait until April 1.

Thank you again. Please visit us. We hope you enjoy reading with us, The Shelves.

Jane Jackson

(1) What is "The Shelves" ?

 ア A bookstore.

 イ A post office.

 ウ An advertisement.

 エ A city.

(2) If you visit "The Shelves" on April 9, what gift will you get from the shop?

 ア Coupons.

 イ Postcards.

 ウ Advertisements.

 エ Nothing.

(3) Can Ken use COUPON A on March 31?

 ア Yes, he can.

 イ No, he can't.

 ウ He has many coupons.

 エ He doesn't have any coupons.

(4) If Ken buys a $15 book at "The Shelves" on April 7, he will

 ア use COUPON A.

 イ use COUPON B.

 ウ use both coupons.

 エ not use any coupons.

(5) Which one is true?

 ア Ken already knows who made the postcards.

 イ Ken can't buy anything on March 31.

 ウ If Ken buys a $40 book and uses COUPON B on April 10, he will pay $38.

 エ "The Shelves" is closed on Mondays.

2013(H25) 名古屋高
K 教英出版

(1)
- Can you see the car in front of the telephone box?
- Yes, is it yours?
- ...

(2)
- You finished your winter homework, didn't you?
- No, I didn't.
- Why not? What happened?
- ...

(3)
- I bought some new tennis shoes.
- Oh, let me see.
- Here they are. What do you think of them?
- ...

(4)
- What did you do last Sunday?
- I watched a movie with my father.
- How was it?
- ...

答 用 紙

| | (4) | $x=$ ⎵ , $y=$ |
| | (8) | 円 |

| = ° | (4) | cm³ |

cm

個

※

※

※

※

※

| ※
得
点 | ※100点満点
（配点非公表） |

※印の欄には何も書き入れないこと。

名

	(8)				

		(1)	I'm	
IV		(2)	She	
		(3)	Could	
		(4)	It is	, isn't it?

※

※印の欄には何も書き入れないこと。

受 験 番 号		氏 名	

※
得
点

※100点満点
（配点非公表）

英 語 解 答 用 紙

I	A	(1)		(2)		(3)		(4)		(5)	
	B	(1)		(2)		(3)		(4)			

※

II	(1)		(2)		(3)		(4)		(5)	

※

III		(1)		(2)		(3)		(4)		(5)	
		(6)									
	(7)	①									
		⑤									

数 学 解

I	(1)		(2)		(3)			
	(5)		(6)		(7)			

II	(1)	$\angle x=$　　　　°	(2)	cm²	(3)	

III	(1)	$y=$	(2)	(3)	

IV	(1)	cm	(2)	cm	(3)

V	(1)	個	(2)	① $m=$	②

受　験
番　号

※教英出版注
音声は，解答集の書籍ＩＤ番号を
教英出版ウェブサイトで入力して
聴くことができます。

A

Hello. This is 'Nagoya High School News' on Tuesday, February 5th. This is you
reporter, Peter Green at the Nagoya High School radio station.

First, news from our school clubs. Nagoya won the soccer game against Aik
High School 3-1. Our rugby team won against Haruoka High School. The scor
was 28-7. The Volunteer club went to Thailand last week. The eleven member
arrived in Bangkok on Monday morning. They went to help build a school fo
young children. The Volunteer club is planning to return there one year late
They arrived back in Nagoya late on Friday evening.

In other school news. Students from Australia will visit our school on Wednesda
Twelve students will be at our school for one week. On Thursday afternoon the
will talk about school life in Australia. Some of the visiting students can spea
different languages such as Chinese, Spanish and German.

The school library will now be open until 7pm. There are more than 50,000 book
and hundreds of DVDs in the library. The library is on the 3rd floor between th
science and art rooms.

That's the end of today's 'Nagoya High School News'. Goodbye!

Questions
（1） Which team played Haruoka High School?
（2） When did the Volunteer club return to Japan?
（3） Who will come to Nagoya High School next week?
（4） How many books are there in the library?
（5） Where can students find the library?

III　次の英文を読んで, あとの問いに答えよ。

I looked at the creature and felt sad.　I am a doctor, (　A　) I know a lot about accidents and ill people.　I see *horrible things every day.　But this creature, this thing, was the worst of all.

He wore some old *trousers, but no shirt, coat, or shoes, so I could see his body very well.　His head was the most interesting thing.　It was very, very big – like ① (in / a / books / bag / a lot / it / with / of).　The head did not have much hair, and there was another bag of brown, *dirty skin at the back of it.　This skin came down below his neck.　I could not see one of his eyes very well, because a lot of skin came down in front of his face, too.

A large red tooth came out of his mouth, under his nose.　It looked (　B　) an elephant's tooth.　The mouth and nose were like holes in the face.　The face could not smile or ②laugh or look angry or sad, because the skin could not move. It was dead, like an elephant's face.

There were more bags of dirty skin on the front and back of the creature's body. These bags came down to his legs.　The right arm was very big, and there were bags of skin on ③it, too.　The right hand was like a man's foot.

But the left hand – the left arm and the left hand were beautiful!　The left arm had wonderful skin, and the fingers of the left hand were long and beautiful.　It was like a young woman's hand!

'Walk!' said the shopkeeper.　'Come on, quickly, move!'　He hit the creature with his hand.

The creature could not walk well.　His legs were very big, and he had a bad back.　He could not walk far without a *stick.

'All right, thank you,'　I said.　'Please tell him to sit down.'　The *smell in the room was very bad, and I felt ill.

'Yes, sir,' said the shopkeeper.　'Sit down, Merrick.'

We went out of the room and closed the door.　The shopkeeper smiled at me with his yellow teeth.

'Wonderful, sir, isn't it?' he said.　④ 'The best Elephant Man in England! Hundreds of people come to see him, you know, hundreds!　I take him all over the country, I do!'

'Yes, very interesting,' I said.　'Can I sit down?'

'Yes, of course. Here's a chair.'　He looked at me, and then smiled.　'Would you like a glass of water, sir?'

'Yes, please,' I said.   Then I looked at the things in the dirty shop.   There were two or three bad apples and some old black bananas: that was all.   'Er, no ... no, thank you.   I'm all right,' I said.   'Did you ... did you call him Merrick?'

'That's right, sir.   Joseph Merrick.   I take him all over the country, you know. Lots of people want to see him.'

'Yes, I see.   Do you get a lot of money?'

'Well, sometimes we do, sir, yes.   But it's difficult, you see, because of the police.   The police don't (B) us.   So we can't stay in a town very long.   We usually move every week.'

'Yes, I see.   Well, anyway, Mr ... er?'

'Silcock, sir.   Simon Silcock.'

'Yes, well, Mr Silcock, I work at the London Hospital.   My name is Treves.   I think this ... er ... this man Joseph Merrick is very interesting, and I would like to see him at the hospital.   I want to look at him more carefully, you see.'

'Yes sir, I see.   But ⑤ (able to / the / is / hospital / get / how / to / he) ?   It's going to be difficult.'

'Why?   The hospital's not far from here.'

'Well, yes, sir.   I know.   But, you see, the creature can't walk very well.   He needs help.'

'You can come with him.   Do you want more money?'

'Well, yes, I do.   But, you see, people are afraid of him too ....   In the road, little boys always run after him and hit him.   Then the police get angry because people are afraid.   Sometimes they take us to *prison.'

'I see,' I said.   'Well, how can he come to the hospital, then?'

'Use a *cab, sir,' said Silcock.   'You can take him to the hospital in a cab.'

【注】　　horrible … 恐ろしい　　　　trousers … ズボン　　　　dirty skin … 汚れた肌
　　　　　stick … 杖　　　　smell … 匂い　　　　prison … 監獄　　　　cab … タクシー

(出典) Tim Vicary, *The Elephant Man*　(Oxford University Press, 2008) 一部改変

2013(H25) 名古屋高
Ｋ 教英出版

(1) 本文の登場人物である筆者（I）と得体の知れない生き物（creature）と見世物小屋の主人
　　（shopkeeper）の名前の組み合わせとして最も適当なものをア～オから選び，記号で答えよ。

	I	creature	shopkeeper
ア	Silcock	Merrick	Treves
イ	Treves	Silcock	Merrick
ウ	Merrick	Treves	Silcock
エ	Treves	Merrick	Silcock
オ	Silcock	Treves	Merrick

(2) 空所（　A　）に入る語として最も適当な語をア～オから選び，記号で答えよ。
　　ア　because　　　　イ　so　　　　ウ　but　　　　エ　who　　　　オ　or

(3) 下線部②の単語に関して，以下に示す下線部の発音が同じものをア～オから選び，記号
　　で答えよ。
　　laugh:　ア　through　　イ　high　　ウ　night　　エ　bought　　オ　enough

(4) 下線部③のitが指すものをア～オから選び，記号で答えよ。
　　ア　his legs　　　　　　イ　the right arm　　　　　ウ　the right hand
　　エ　the left arm　　　　オ　the left hand

(5) 下線部④のセリフの話し手の気持ちに最も近いものをア～オから選び，記号で答えよ。
　　ア　非常に多くの人が集まり，大変驚いている。
　　イ　得体の知れない生き物に恐怖を感じている。
　　ウ　突然訪れてきた客に怒っている。
　　エ　怖いもの見たさに集まる観衆に悲しみを感じている。
　　オ　成功していることに自信と満足感を感じている。

(6) 本文中に2か所ある空所（　B　）に共通して入る英語一語を書きなさい。

(7) 下線部①と⑤を文脈上，意味が通るようにそれぞれ並べかえよ。

(8) 本文の内容に合うものをア～カから二つ選び，記号で答えよ。
　　ア　The creature's face doesn't show his feelings because of his skin.
　　イ　In the shop the writer saw three kinds of fruit.
　　ウ　The writer drank a glass of water which the shopkeeper gave him.
　　エ　The shopkeeper always gets a lot of money by showing the creature to people.
　　オ　The police come to the shop every week to look for the creature.
　　カ　The writer wants to see the creature in his hospital.

Ⅳ　次の会話の下線部を，あとに続く条件に従って，英語にしなさい。

　　　紗恵香 (S)：　もしもし，堀江さんのお宅ですか。伊藤と申しますが，真由美さんはいらっ
　　　　　　　　　　しゃいますか。

　真由美の母 (M)：　あら，紗恵香さん？　お久しぶりね。ごめんなさい。せっかく電話してくれた
　　　　　　　　　　のに・・・。真由美は今旅行に出かけていて，来週の水曜日まで戻ってこな
　　　　　　　　　　いのよ。何か伝えておきましょうか。

　　　　　　　 S：　お久しぶりです。実は私，来年イギリスへ留学するんですけど，英語が上手
　　　　　　　　　　に話せなくて不安なんです。今，(1) 誰か英語が話せる人を探しているとこ
　　　　　　　　　　ろなんですけど・・・。確か真由美さん，以前留学してたってお聞きしてたの
　　　　　　　　　　で，いろいろと相談したくて・・・。

　　　　　　　 M：　ええ，その通りよ。真由美は2年間カナダに留学してたから，信頼できるは
　　　　　　　　　　ずよ。それに，(2) あの子，2年前にロンドンを訪れたことがあるから，イギ
　　　　　　　　　　リスのことをたくさん聞くといいわ。参考になるんじゃないかしら？

　　　　　　　 S：　すごく助かります。それでは，水曜日にもう一度電話させていただきます。

　　　　　　　 M：　そうね。あっ！　でも・・・真由美の帰る時間がはっきりしないから・・・どうし
　　　　　　　　　　ましょう？

　　　　　　　 S：　それでは，申し訳ありませんが真由美さんが旅行から戻られたら，(3) 折り
　　　　　　　　　　返しお電話をいただけるように伝えて下さいませんか。

　　　　　　　 M：　いいわよ。そのように伝えておくわ。紗恵香さんがイギリス留学か！　素敵ね。
　　　　　　　　　　旅行でもいいから，私も行ってみたいわ。(4) 海外へ行くって，わくわくするわ
　　　　　　　　　　よね。

　　　　　　　 S：　わくわくって言うか・・・今はどきどきですね。それでは，真由美さんによろし
　　　　　　　　　　くお伝え下さい。

　　　　　　　 M：　はい，確かに伝えるわね。さようなら。

　　　　　　　 S：　失礼します。

［条件］

(1)　I'm で書き始めて，someone を用いる。

(2)　She で書き始めて，visited を用いる。

(3)　Could で書き始めて，to を用いる。

(4)　It is で書き始めて，isn't it? で終わり，abroad を用いる。